Fabian Vogt

So ein THEATER

Eine Einführung in die Kunst, bewegend(e) Geschichten zu erzählen

WILLOW CREEK EDITION
Kirche für Distan... kreativ

Projektion J Buch- und Musikverlag GmbH
Wiesbaden

ISBN 3-89490-170-5

Auf der Grundlage der neuen Rechtschreibregeln.

Umschlaggestaltung: Petra Louis
Satz: Projektion J Buch- und Musikverlag GmbH
Druck: Schönbach-Druck GmbH, Industriestraße 4-6, 64390 Erzhausen

1 2 3 4 00 99 98 97

Für das Kreativ-Team
Niederhöchstadt

INHALT

Einleitung 9

Kapitel 1 Warum Theater spielen? 13
Kapitel 2 Alles nur Show? 29
Kapitel 3 Wie fange ich an? 35
Kapitel 4 Die 10 Gebote des Schauspielens 45
Kapitel 5 Die 10 Gebote der Regie 67
Kapitel 6 Die 10 Gebote des Stückeschreibens 85
Kapitel 7 Vom Stück zur Aufführung 101

Übungen 119
Über den Autor 141

EINLEITUNG

»Ich glaube an die Unsterblichkeit des Theaters.
Es ist der seligste Schlupfwinkel für diejenigen,
die ihre Kindheit heimlich in die Tasche gesteckt
und sich damit auf und davon gemacht haben,
um bis an ihr Lebensende weiterzuspielen.«
Max Reinhardt

Vorhang auf! Bühne frei! Nein, eigentlich nicht »Bühne frei«, denn wer weiß schon, was sich diesmal zwischen den auseinander strebenden Vorhanghälften vor den Augen der Zuschauer öffnet: ein kleines Künstlerzimmer vielleicht, ein romantischer Marktplatz, ein Schlachtfeld, ein zerwühltes Bett, eine Leiche, ein verwilderter Garten oder gar der Himmel? Ein guter Schauspieler betritt nie eine profane Bühne; er kommt als Harlekin, als Hamlet, als Mephisto oder als märchenhafte Nixe in eine andere, eine sanft verführende Welt, verbringt in ihr zwei fantasievolle Stunden und kehrt dann wieder in die Realität zurück. Dass ihm dabei viele träumerische Blicke aus den Zuschauerreihen in das Reich des Stückes folgen, ist oft nur eine erregende Begleiterscheinung. Theaterspielen ist die Kunst, über sich hinauszudenken; die Kunst des Träumens.

Die Faszination, für einige Zeit eine fremde Persönlichkeit überzustreifen und sich in ihr die Vielfalt des Lebens zu erspielen, spürt wahrscheinlich jeder, der es einmal ausprobiert. Nicht nur, weil Theater spielen die Fantasie anregt, sondern weil es auch hilft, bewusster mit der Wirklichkeit, den eigenen Ausdrucksmöglichkeiten und der Freude an der Kreativität umzugehen. Wer andere Charaktere darstellen will, muss selbst einer sein, muss Interesse haben, beim Erforschen einer Bühnenrolle zuallererst die eigene Rolle kritisch und neugierig zu hinterfragen. Darum führt die künstlerische Arbeit in den Proben einen Schauspieler nach meiner Erfahrung vor allem zu sich selbst.

Diese Einleitung in die Kunst des Theaterspielens ist gleichzeitig eine Einladung, sich auf das Abenteuer der Bühnenpoesie einzulassen – und auf den Reiz, sich nie mit einer Rolle zufrieden zu geben. Dabei kann man allerdings einiges falsch machen und wer schon einmal schlechtes Theater gesehen hat, der weiß, was es heißt, das Fürchten zu lernen. Lieber kein Schauspiel als schlechtes Schauspiel! »So ein Theater« möchte zeigen, wie man die am häufigsten vorkommenden Fehler vermeidet, an sich arbeitet und genügend Sicherheit für ein überzeugendes Auftreten bekommt. Mit Hilfe von Übungen, darstellerischen Grundregeln und weiterführenden Tips wird eine Tür geöffnet, die ein interessierter Neuling und auch ein erfahrener Profi allerdings immer wieder selbst durchschreiten müssen: Schaupielerei lernt man nicht beim Lesen, sondern beim Schau-Spielen. Wer seiner Kreativität freien Raum lässt und sich nicht scheut, beobachtende Mitspieler regelmäßig um Anregungen und Kritik zu bitten, der wird bei der öffentlichen Darbietung seines Spiels immer deutlicher spüren, worauf es bei einer stimmigen Wiedergabe einer Rolle ankommt, wie bestimmte Bewegungen und Verhaltensweisen nach außen wirken und wie man verschiedene Menschen- oder Empfindungstypen authentisch darstellen kann. Wer die Tür durchschreitet und den Mut hat, loszulegen, für den ist diese handliche Einführung der ideale Begleiter, weil sie mit ihren anregenden Hinweisen die Augen für die eigenen Schwächen und Stärken öffnen und dadurch helfen möchte, das Beste aus der eigenen Begabung zu machen.

Dass uns ein gelungenes Theaterstück unmittelbar berührt, hängt sicher auch damit zusammen, dass diese Kunstform ihre Wurzeln im kultischen Spiel religiöser Mythen hat. In allen Religionen gehört zum Gottesdienst eine passende Präsentation; eine Darstellung, die darauf hinweist, dass es bei den Begegnungen mit den Göttern um mehr geht als um Alltagserfahrungen. In künstlerisch gestalteten Ausdrucksformen hatten die Priester eine Möglichkeit, diesen Unterschied weithin sichtbar darzustellen. Ein Glück für die damalige Theaterszene war, dass es in der griechischen und römischen Götterwelt so urmenschlich zuging; denn so konnte man zu Ehren der Götter öffentlich zeigen, wie sich die göttliche Gesellschaft beim Streiten, beim Lieben und beim Hassen aufführt. Nach und nach entwickelten sich aus den Tänzen zu Ehren des Gottes Dionysos immer umfangreichere Theaterstücke, die erst mit Chören, später mit Schauspielern den Besuchern unterhaltsame Einakter aus dem Olymp präsentierten.

Die frühen Christen taten sich natürlich schwer mit dem Theater, weil in ihm noch immer überall der heidnisch-kultische Charakter spürbar war. Also verboten sie es vorsichtshalber, bis die Sehnsucht der Menschen nach anschaulichen Predigten im frühen Mittelalter zu einem eigenen christlichen Theater führte. In Oster- und Passionsspielen zeigten Schauspieler Leiden und Auferstehung Jesu so bewegend, dass die des Lateinischen nicht mächtigen Gläubigen endlich hautnah nachvollziehen und spüren konnten, was das Leben des Gottessohnes bedeutet. Bald wurden dann auch andere biblische Geschichten und verschiedene Heiligenlegenden zu Theaterstücken umgearbeitet. Im Laufe der Zeit erlaubten sich die Gruppen allerdings immer häufiger, rein weltliche Themen in ihren Stücken aufzugreifen. Nachdem viele Jahrhunderte lang das Verhältnis von Kirche (und dies war lange Zeit gleichbedeutend mit Gesellschaft) und Theater sehr gespannt war, weil man die Darstellung von Liebe, Lust und Leidenschaft in den unterschiedlichsten Epochen für zu verführerisch und verwerflich hielt, hat sich die Kirche des zwanzigsten Jahrhunderts daran gemacht, die Kunst der Schauspielerei wieder zu entdecken. Gerade weil man mit ihr Dinge darstellen und verständlich machen kann, für die Worte allein nicht ausreichen.

Wer sich jetzt sofort in die Welt des Theaters stürzen möchte, der sollte am besten direkt die »10 Gebote des Schauspielens« lesen, sich dann an die Übungen wagen und einfach ausprobieren, immer wieder, immer neu und vor allem vor einem großen Spiegel. Sinnvoller ist es aber, sich in einer Gruppe auf den Weg zu machen, denn ohne gegenseitiges Ermutigen, Korrigieren und Helfen wird niemand ein großer Mime. Für den Aufbau eines Teams ist es aber besonders wichtig, sich auch über das Phänomen »Theater« grundsätzliche Gedanken zu machen, damit man gemeinsam herausfinden kann, wohin die schauspielerische Reise gehen soll. Mit diesem Aspekt beschäftigen sich die ersten beiden Kapitel dieses Buches, indem sie zeigen, welche Möglichkeiten die darstellende Kunst dem Publikum, vor allem aber dem Schauspieler bietet. Nach einer kurzen Einführung, wie man Theatergruppen gründet, folgen dann Grundregeln für die wichtigsten Bereiche der Bühnenarbeit (Schauspiel, Regie, Schreiben von Theaterstücken), deren Beachtung noch keinen Erfolg garantiert, wohl aber das wichtigste Fundament für eine überzeugende Theaterarbeit ist. Wer diese Gebote grob missachtet, wird mit Sicherheit keinen Erfolg haben – weil die beste Botschaft kaputt geht, wenn das Handwerk nicht stimmt. Bevor dann eine Sammlung erprobter Übungen dieses Büchlein in fröhliche Arbeit »ausarten« lässt, zeigt das letzte Kapitel kurz die grundsätzlichen Verfahren und Schritte, die notwendig sind, um eine motivierte Gruppe von Menschen in ein Gesamtkunstwerk – sprich ein Theaterstück – zu verwandeln. Wenn dies gelingt, werden auf und hinter der Bühne alle Beteiligten mit strahlenden Augen eine rauschende Premierenfeier erleben.

Eines ist unbestritten: Theater spielen spricht alle Sinne des Menschen an und vermittelt auf unterhaltsame Weise den Zauber des Lebens: in der Arbeit mit Gruppen, auf der Straße, in »Offenen Gottesdiensten«, bei Festen oder auf professionellen Bühnen. Dabei sollte aber neben aller Freude und allen »nützlichen« Inhalten die Qualität im Vordergrund stehen. Schauspieler, denen man ihre Unsicherheit, die Klischeehaftigkeit ihrer Darstellung, die Übertreibung oder das Unverständnis ihrer Rolle noch vom dritten Rang aus ansieht, sorgen bestimmt nicht dafür, dass sich mehr Menschen von der Welt des Theaters verzaubern lassen und dabei etwas über sich selbst erfahren. Gute Spieler in guten Stücken dagegen können den Zuschauern ab und an die Augen öffnen – für den Blick in die Realität und die wirklich wichtigen Dinge. Dieses kleine Theater-Handbuch möchte verraten, wie man es richtig macht: von der Körperspannung bis zur Gestik, vom Aufwärmen bis zur Improvisation und von der Auswahl des Stückes bis zur Aufführung.

Wer einmal den Zauber des Theaters entdeckt hat, den lässt es nicht wieder los. Also: Vorhang auf!

Fabian Vogt

Kapitel 1

Warum Theater spielen?

»Der Einfluss von Geschichtenerzählung auf Hunger und Verstümmelung ist klein. Aber dieser kleine Einfluss ist wichtig. Der Gesamtplan aller kleinen Einflüsse hat einen Namen: Befreiung, Licht, gutes Leben.«

Peter Schumann

Wer die geheimnisvolle Welt der Fantasie erforschen will, der sollte sich bewusst sein, worin eigentlich Wirkung und Kraft des Schauspiels liegen: »Theater« bedeutet *zeigen*, nicht nur *sagen; erleben*, nicht nur *hören*! Da, wo die Macht der Worte zu Ende ist, beginnt das Theater, Geschichten zu erzählen – mit Händen und Füßen, Lachen und Weinen, Flüstern und Schreien, Tanzen und Singen, Streiten und Versöhnen. Denn beim Träumen kommt es bisweilen mehr auf das »Wie« als auf das »Was« an. Wichtig ist dabei, dass auf allen Kommunikationsebenen etwas vermittelt wird, weil ich als Zuschauer nicht nur Botschaften, sondern Menschen sehe. Und mit diesen Menschen und der Art, wie sie mehr oder weniger geschickt mit ihrem (fiktiven) Leben umgehen, kann ich mich in vielen Fällen identifizieren. Ein guter Schauspieler spielt mir eigentlich auch gleichzeitig ein Stück von mir selbst vor, denn ich werde mich immer wieder unbewusst fragen, was ich von den handelnden Personen und ihren Erfahrungen halte. Und dabei beginne ich auch, über mich nachzudenken. Darum ist Theaterspielen vielleicht die schönste Form, um sich selbst kennen zu lernen.

Und weil auf der Bühne Dinge vorgeführt werden, die viel mehr ausdrücken als einfache Worte, können Schauspieler auch Geschichten über eigentlich Unaussprechliches erzählen – über die Liebe, die Sehnsucht, die Hoffnung oder über Gott. In einem Drama muss ein Schauspieler zum Beispiel keine theologischen Begriffsstreitigkeiten über die Bedeutung des Wortes »Gott« oder über das Verhältnis von Gnade und Rechtfertigung anfangen; er kann einfach zeigen, wie Gott an und mit Menschen handelt und wie diese ihre Glaubenserfahrungen erleben. Auf diese Art und Weise wird über Gott in den meisten Fällen wahrscheinlich mehr gesagt als durch am Schreibtisch erdachte Definitionen. Wenn mir jemand beispielsweise noch so poetisch die Liebe anpreist, wird dies doch in der Regel weniger nachvollziehbar sein, als wenn sich auf der Bühne zwei Menschen in einem Moment, in dem das keiner mehr erwartet, zärtlich in die Arme nehmen. Dann erkenne ich, was Liebe sein kann.

Weil gutes Theater immer auch eine Form von leidenschaftlichem Spiel ist, bei dem mir jemand zuschaut, sperrt es sich auch gegen rein belehrende Aussagen. Schauspieler, die einfach schlaue Sätze von sich geben, wirken wenig überzeugend, eben weil im Alltag auch selten jemand einen Raum betritt und moralinsauer spricht. Theater führt mir die Welt vor, wie sie ist, sein könnte oder sogar sein sollte, und lässt mich mit allen Sinnen daran teilhaben. Und weil ich im Zuschauerraum darauf eingestellt bin, alle Zusammenhänge genau zu beobachten, sehe ich viele Kleinigkeiten, die mir im Alltag verborgen bleiben. So erstaunlich es ist: Gerade die zunehmende Betonung visueller Wahrnehmung durch die Medien wird möglicherweise dazu führen, dass das Theater viele neue Freunde findet. Schauspieler auf der Bühne bieten nämlich über die optische Darbietung hinaus den Vorteil, dass sie lebendig und spürbar sind. Und die Sehnsucht der Menschen nach Unmittelbarkeit und Persönlichkeit wird immer größer. Auf jeden Fall ist es eine neue Herausforderung, gerade in stark vom gesprochenen Wort geprägten Veranstaltungen (Gottesdiensten, Jahreshauptversammlungen, Gremien, Vorständen usw.) den Reiz und die Vielschichtigkeit des Theaters einzusetzen. In der Industrie wird dies bereits sehr erfolgreich realisiert. Dort, wo früher Referenten die Angestellten mit klugen Worten gelangweilt haben, werden heute Schauspielgruppen eingeladen, die charakteristische Situationen aus der Erfahrungswelt der Mitarbeiterinnen und Mitarbeiter vor Augen führen.

Aber selbst wenn sich nicht ein einziger Zuschauer einfinden würde, um mit in die fantastischen oder vertrauten Welten auf der Bühne zu reisen, wäre Theater spielen ein lohnender Zeitvertreib – weil es für jeden Akteur eine wichtige Erfahrungsquelle für die Wahrnehmung und Beobachtung des Lebens überhaupt sein und ihm ganz praktisch helfen kann, eine eigene Identität zu entwickeln. Wer nämlich eine fremde Rolle authentisch darstellen will, muss sehr genau wissen, wie er sich in andere Personen und ihre Eigenarten hineindenken kann, wie er sich selbst in einer bestimmten Situation, die er spielen soll, verhalten würde und wo sich bestimmte Darstellungselemente einer Figur von seiner eigenen Person unterscheiden. Dieses bewusste Einlassen auf unterschiedliche Persönlichkeiten öffnet die Augen für die Vielfalt der Ausdrucksmöglichkeiten.

Es ist kein Zufall, dass das Wort »Person« aus der Bühnensprache stammt: Das lateinische Wort *persona* bedeutet u. a. »Maske« und damit war die Gesichtsmaske gemeint, die ein Schauspieler des antiken Theaters trug. Erst durch die Stimmen (*personare* = hindurchtönen) wurden die Masken mit Leben gefüllt und erhielten so einen Charakter. Nur wenn ein Sprecher in der Lage war, seiner Maske eine Identität zu geben, wurde sie zur »Person«, sonst blieb sie hohl und leer. Selbstbewusstsein und die Fähigkeit, die jeweils kennzeichnenden Merkmale unterschiedlicher Menschen wahrzunehmen, sind dabei die Grundbausteine für eine erfolgreiche Auseinandersetzung mit den fiktiven Identitäten der Bühne. Und je genauer ein Darsteller sich selbst kennt, desto leichter fällt es ihm, seine Körpersprache so zu verändern, dass er sich in einen anderen Menschen verwandelt. Und so wird die Kunst, das Leben nachzuahmen, zu einer Entdeckungsreise ins eigene Ich!

Drei Punkte sind dabei besonders wichtig:

1. Theater spielen schult die Selbstwahrnehmung

Wie läuft eigentlich ein Betrunkener? Wie sitzt eine alte Dame am Kamin, die gerade von dem Unfall ihres Enkels gehört hat? Wie bewegt sich ein frisch verliebter Jugendlicher, der seine neue Freundin den Eltern vorstellen will? Worin unterscheidet sich der melancholische Gesichtsausdruck des Arbeitslosen aus dem Bekanntenkreis vom depressiven Leidensblick der Nachbarin? Ein Schauspieler muss sehr genau hinschauen: Diese Handbewegung und dieser feine Zug um den Mund sind charakteristisch für eine bestimmte Gefühlslage, diese leicht schräge Kopfhaltung drückt Unsicherheit aus, diese scheinbar legere Grimasse wirkt in manchen Situationen einfach nur merkwürdig.

Selbst wer sich nur für die hier angeführten Beispielpersonen typische Merkmale aufschreiben wollte, wäre wahrscheinlich tagelang beschäftigt. Es sind nämlich tausend Kleinigkeiten, die den Ausdruck eines Menschen in einer bestimmten Situation kennzeichnen (Stimme, Intonation, Phrasierung, Haltung, Gestik, Mimik, Tempo usw.), und vor allem: Wir machen sie uns normalerweise nie bewusst. In diesen Entdeckungen liegt einer der Hauptreize des Theaterspielens: Ich fange an, alles bewusster wahrzunehmen. Wer einen homosexuellen Metzger spielen will, obwohl er heterosexueller Vegetarier ist, muss sich tatsächlich in eine ihm völlig fremde Welt hineindenken, hineinfühlen, hineinfallen lassen. Und dabei wird er am allermeisten über sich selbst lernen. Bevor er mit der routinierten Handbewegung eines Schlachters zum Messer greifen kann, muss er sich nämlich erst einmal dabei beobachten, wie er selbst normalerweise Besteck in die Hand nimmt und worin der Unterschied zu der perfektionierten Schnitt-Technik des Profis besteht.

An den Beginn einer Ausbildung gehört aus diesem Grund immer die Selbstwahrnehmung, das Erforschen der eigenen charakteristischen Bewegungen, Haltungen und Gefühle; ja, gerade der Gefühle, denn ein heiterer Mensch hält sein Brötchen anders als ein trauriger, und wenn ich eines Tages diese feinen Nuancen auch auf einer Bühne deutlich machen will, dann muss ich mir der Variationsmöglichkeiten bewusst sein. Also fängt man am besten mit der Selbstbeobachtung an: Was macht mein kleiner Fußzeh beim Gehen? Welche Muskeln spanne ich beim Trinken an? Wie mache ich einen möglichst überheblichen oder einen möglichst unterwürfigen Gesichtsausdruck? Was fühle ich beim Telefonat mit der Erbtante?

In einem guten Team, das geschult Rückmeldungen geben kann (siehe »Die 10 Gebote des Schauspielens«) wird ein Schauspieler pausenlos Überraschungen erleben: Einen Gesichtsdruck, den er selbst für unglaublich cool hält, bewerten die Zuschauer nur als dämlich, während seine Körperhaltung bei Begrüßungen, die er selbst immer als wenig überzeugend eingestuft hätte, starken Anklang findet, weil sie so charmant verletzlich ist. Gerade für einen Anfänger wird es in solchen Situationen bei manchen Kommentaren nicht nur zu Aha-, sondern auch zu Schockerlebnissen kommen. Etwa, wenn eine Teamkollegin fröhlich bemerkt: »Noch nie musste ich so lachen wie bei deinem Versuch, verführerisch auszusehen.«

Je mehr die Erkenntnis über die eigenen Darstellungsmittel und -möglichkeiten steigt, desto überzeugender kann eine Schauspielschülerin oder ein Schauspielschüler auch im Alltag Gefühle und Meinungen ausdrücken. Denn er weiß, was er tut, und er weiß, wie es auf andere wirkt. So erhält jede und jeder nach einer Weile einen Kriterienkatalog, um die beste Präsentation seiner eigenen Person zu entdecken – etwas, das auch im Alltag überall von Bedeutung ist. Wer weiß, wie bestimmte Ausdrucksformen bei anderen Menschen ankommen, wird weder bei Vorstellungsgesprächen noch bei sonstigen persönlichen Kontakten vergessen, dass der Körper oft mehr sagt als tausend Worte. Das bedeutet nicht, dass man als Schauspieler seiner Umwelt ständig etwas vorspielt – das wäre ein auch für den Darsteller unbefriedigender Täuschungsversuch. Es bedeutet, dass man mit seinen Ausdrucksmitteln bewusst und kreativ umgeht und nicht aus lauter Nachlässigkeit eines der besten Überzeugungsargumente in der Kommunikation vergisst: den äußeren Eindruck. Die meisten Menschen haben leider nie gelernt, mit Ausstrahlung und mit Händen und Füßen zu reden, und machen bisweilen die schönsten Worte durch gegensätzliche Aussagen ihres Körpers zunichte.

Für viele Anfänger bedeutet Schauspielunterricht auch die erste bewusste Auseinandersetzung mit dem eigenen Körper. Bewegungsabläufe werden dabei genauso trainiert wie ein gesundes Gefühl für die damit verbundenen Sinnesreize. Wie fühle ich mich, wenn ich zehn Kilo Kartoffeln schleppe? Welche unbewussten Bewegungen mache ich, wenn es mich hinter dem Ohr juckt oder meine Nase läuft? Oder wenn ich nach einer sechsstündigen Autofahrt endlich einmal meine steifen Glieder strecken darf? Auch dabei kommt es auf die Nuancen an. Auf einer Bühne können manche Handlungsabläufe nur angedeutet werden, dennoch muss der Körper die Originalmuskelspannungen erleben, damit der Zuschauer erkennt, worum es sich handelt. Dazu muss ich natürlich auch wissen, welche Bewegung jedes einzelne Gliedmaß durchführt – wenn ich etwa erkältet ins Bett falle oder eine Leiter hinaufsteige. Erst wenn ich mir beispielsweise deutlich gemacht habe, was beim Frieren mit meinem Körper passiert, kann ich auch einen dem Regen ausgesetzten Einbeinigen spielen (ich gebe zu, das Beispiel hinkt). So steigert sich die Wahrnehmung auf allen Ebenen. Von grundlegender Bedeutung ist ein Bewusstsein für die Klarheit von Gesten und mimischen Äußerungen. Je genauer ich bei Bewegungsabläufen differenzieren kann, desto bewusster werden mir auch die inneren Prozesse (Gefühle, Eindrücke, Sehnsüchte) einer Handbewegung oder eines Ganges.

Und ich lerne – ein Problem vieler Anfänger –, meinen Ausdrucksformen eine überzeugende und verständliche Struktur zu geben. Das heißt vor allem, Fahrigkeit und Missverständlichkeit zu vermeiden und allen Bewegungen einen eindeutigen Anfang und ein eindeutiges Ende zu geben; Gesten nicht nur vorsichtig, sondern überzeugend auszuführen. Ein Gesprächspartner, der einen Meter entfernt steht, ahnt zumeist, was ich ihm mit dem Körper sagen will, auch wenn ich nur Andeutungen mache. Ein Zuschauer im dritten Rang benötigt jedoch deutliche und in ihrer Abgrenzung erkennbare Gesten. Darum können Schauspieler, die ein gutes Gefühl für den Wirkungsgrad ihrer Körpersprache haben, meist sehr überzeugend mit jeder Art von Publikum und Auftrittsort umgehen.

Schauspielerei heißt aber auch – ganz einfach gesagt –, die Scheu vor dem eigenen Körper und vor dem anderer Personen zu verlieren. Je nach Rolle kann es nämlich einfach dazugehören, dass die Darsteller Nähe aushalten müssen, die sie als Privatpersonen niemals zusammen erleben würden. Es ist beispielsweise anzunehmen, dass eine Schauspielerin, die gern Prinzessinnen spielt, auf der Bühne wesentlich häufiger von unterschiedlichen schönen Prinzen umarmt wird, als das in ihrem Alltag der Fall ist. Theater zeigt Menschen in allen Lebenslagen, auch in solchen, die normalerweise unbeobachtet bleiben: in tiefster Verzweiflung, beim Waschen, Lieben oder Falschsingen in der Badewanne. Die Scheu vor dem Körper zu verlieren heißt deshalb auch, die Scheu vor der Öffentlichkeit zu verlieren. Denn: Es ist ja nur gespielt. Ich bat einmal ein Schauspielerpaar, das auch in der Realität zusammen war, eine Liebesszene zu spielen. Dabei sollte der Mann langsam seine Hand auf den Po der Frau hinabgleiten lassen. Doch es gelang ihm nicht, weil dreißig Leute dabei zusahen. Seine Hand sah bei allen Versuchen so aus, als klatsche ein gut abgehangenes Steak gegen eine Wand. Keine Spur von Erotik. Kaum hatten die beiden aber die Bühne verlassen, drückten sie sich knutschend in der Ecke herum und die Hände wussten wieder genau, wo sie hin wollten. Wer auf der Bühne Leben darstellen soll, muss es auch so spielen können und wollen, als sei er allein. Das aber gelingt nur jemandem, der sich bewusst ist, dass er jetzt nicht seinen Körper, sondern den der gespielten Figur instrumentalisiert. Besonders schwierig wird das natürlich dann, wenn verschiedene Personen an einer solchen Szene beteiligt sind.

Zu einer »gesunden« Entwicklung beim Schauspielen gehört deshalb immer auch die Fähigkeit, einerseits die bei vielen Menschen vorhandene Verlegenheit bei Berührungen abzulegen, sich aber andererseits sehr genau bewusst zu werden, wo die eigenen Intimitätsgrenzen liegen. Spätestens hier wird deutlich, dass natürlich zwischen Rolle und Schauspieler immer eine eigene Persönlichkeit stehen muss. Ein Akteur, der sich bei jeder Liebesszene in seine Partnerin verliebt, bekommt amouröse Schwierigkeiten. Er sollte sich in der Szene *verliebt fühlen*, sich aber nicht *verlieben.* Damit diese Unterscheidung auch kontrolliert umgesetzt werden kann, muss ein Spieler sich sehr genau kennen. Und er muss gut zwischen den verschiedenen Ebenen trennen können. Legt er als Held sanft seine Hand auf den Arm der befreiten Seeräuberbraut, dann meint er damit die Figur aus dem Stück und nicht die Darstellerin. Und auch dabei gilt: Je vertrauter ich mit meinem Körper bin, je bewusster ich mir seiner Möglichkeiten bin, desto kontrollierter kann ich auch im Alltag damit umgehen. Intensiver Kontakt auf der Bühne führt aus diesem Grund im Normalfall nicht zu Zügellosigkeit, sondern zu besonderer Aufmerksamkeit und Achtsamkeit bei Körperkontakten.

In diesem faszinierenden Prozess der Selbsterkenntnis wachsen aber nicht nur die Ausdrucksmöglichkeiten. Meist erkennen Schauspieler, die kritikfähig sind, auch recht schnell, wo sie an ihre Grenzen kommen. Nicht jeder hat die Fähigkeit, einen feurigen Straßenbahnschaffner zu spielen – vielleicht, weil ihm dazu einfach jegliche Erfahrung fehlt –, dafür ist er die ideale Besetzung für väterliche Rollen. Nicht jeder kann Hass darstellen, dafür beherrscht er vielleicht komische Nummern auf eine ganz eigene Weise. Wenn ich entdecke, was ich kann und was ich nicht kann, bekomme ich eine völlig neue Selbstsicherheit. Ich kann meine Chancen bei bestimmten Aufgaben einschätzen, übernehme mich nicht und bekomme Mut, Erreichbares anzugehen. In einem Team, in dem jeder auf den anderen achtet, werden deshalb ganz automatisch Gaben entdeckt und gefördert, Talente weiterentwickelt und Fähigkeiten herausgefordert.

Wichtig ist bei dieser Entwicklung, dass im Schauspieler nach und nach eine wirkliche Auseinandersetzung mit den ihm fremden Charakteren stattfindet. Und wenn sie erfolgreich ist, wird sie dazu führen, dass A irgendwann nicht mehr B spielt, sondern dass A für einen Augenblick zu B *wird*, das heißt, so fühlt, handelt, denkt und reagiert wie B. Diese Identifikation gelingt, wenn er seine Rolle auf allen Ebenen »durchlebt«. Große überzeugende Schauspieler bereiten sich fast immer äußerst intensiv auf ihre Rollen vor. Bevor Dustin Hofmann zum Beispiel in *Rainman* einen Autisten spielen konnte, verbrachte er viele Tage bei autistischen Menschen und studierte ihre Bewegungen, ihre Sprache, ihre Reaktionen und ihre Ausdrucksweise. Und später betonte er in mehreren Interviews, wie wichtig es für ihn gewesen sei, dabei seinen eigenen Lebenshorizont noch einmal ganz neu zu durchdenken.

Eine gründliche Schauspielausbildung wird immer dazu führen, dass ich mich als Mensch so bewusst wahrnehme, dass ich weiß, welche Ausdrucksmöglichkeiten ich wie verändern muss, damit ich überzeugend einen anderen Menschen darstellen kann.

2. Theater spielen schult die Wahrnehmung der Welt

Keine Darstellung einer Person kann von der sie beeinflussenden Umwelt getrennt werden. Ein Mensch tritt anders von einem Fenster zurück, wenn er dort gerade einen Unfall mitansehen musste, als wenn er beim Blick auf die Wiese Lust auf ein Picknick bekam. Ein Mensch sitzt – aber er sitzt auch in einem Kontext: in einem Wartezimmer, auf einem Gartenstuhl, in einem Sessel, auf der Toilette, am Strand oder bei einem Verhör. Und jedes Sitzen wird anders aussehen. Diese Unterschiede herauszuspielen, machen die eigentliche Kunst aus. Darum gehören Wahrnehmungsübungen in allen Schauspielschulen zur Grundausbildung. Nichts ist schlimmer als ein Schauspieler, dem man ansieht, dass er zwar perfekt einen Kardinal spielen kann, aber eben keinen Kardinal, der über eine stark befahrene Straße oder durch ein Sumpfgelände geht. Die Kulissen auf einer Bühne können immer nur einen Teil der Wirklichkeit simulieren und darum liegt es am Künstler, ob er in seinem Spiel nicht nur die Rolle, sondern auch die Umgebung der Rolle spürbar und erfahrbar werden lässt. Ein guter Schauspieler ist in der Lage, auf einer leeren Bühne die ganze Welt, die ihn umgibt, sichtbar werden zu lassen.

Lernen wird er dies aber nur, wenn er auch richtig hinsehen kann. Beobachten ist nämlich schwerer, als man denkt. Wer kann schon genau beschreiben, wodurch sich die Bewegungen oder die Essgewohnheiten eines Menschenaffen von denen eines Menschen im Detail unterscheiden? Wie verändert sich der Gang eines Menschen im Regen, im Schnee, im Sand? Was ist der Unterschied zwischen einem Durstigen in der Wüste, einem durstigen Fahrradfahrer, der gerade eine 14-Prozent-Steigung hinaufgefahren ist, und Jesus am Kreuz, der sagt: »Mich dürstet«? Es sind die Nuancen, auf die es ankommt und die darüber entscheiden, ob uns ein Darsteller überzeugt.

Damit diese feinen Unterschiede deutlich werden können, muss ein Schauspieler seine Welt voller Interesse und Begeisterung wahrnehmen, wichtige Beobachtungen festhalten und mit dem eigenen Körper nachleben können. Jeder Sinneseindruck muss bewusst registriert und erlebt werden. Wer das ausprobiert, entdeckt bisweilen erst ganz langsam, auf was man bei der Betrachtung der Welt alles achten kann: Farben, Formen, Gerüche, Luftbewegungen, Helligkeiten, stoffliche Eigenschaften, Untergründe, Stimmungen, die Wirkung bestimmter Gegenstände, Vorurteile, Überraschungen, Beziehungen, Entwicklungen und vieles andere. Das intensive Beobachten der Welt öffnet die Augen für die Vielfalt des Lebens, es schärft das Bewusstsein für den Reichtum der Einzelheiten, die zusammenkommen, wenn eine Situation mich einnimmt, und es macht mich fähig, diese vielen Kleinigkeiten in mir wieder wach werden zu lassen, wenn ich auf der Bühne stehe. Dann werde ich eben nicht nur sagen: »Ich glaub, ich steh im Wald«, dann wird dieser Wald um mich herum lebendig werden, dann werde ich ihn auch in einem leeren Hinterhof mit allen Sinnen spüren, die Vögel zwitschern hören und dieses leicht moosige, leicht feuchte Kitzeln in der Nase verspüren.

Die Kunst des Schauspielens erfordert eine ganzheitliche Fähigkeit; die Gabe, den Menschen in all seinen Dimensionen und Lebenszusammenhängen wahrzunehmen und vorführen zu können. Denn davon hängt es ab, ob ich ihn überzeugend wiedergeben kann. Alle Hintergründe und Einflüsse sind von Bedeutung. Also ist nicht nur der Charakter in einem bestimmten Augenblick von Bedeutung, sondern auch seine Umwelt: die ihn umgebenden Personen, seine Vergangenheit, seine mögliche Zukunft, seine Träume und seine Reaktionen auf die Ereignisse seiner Mitmenschen. Teilt man mir eine Rolle zu, muss ich also immer auch klären, was sie bestimmt. Welche Herkunft hat ein Mensch? Waisenhaus oder Villa? Was für ein Typ ist jemand? Spaßvogel oder Choleriker? Wen liebt diese Dame am meisten? Einen Softie oder einen Sportlehrer? Es kann sein, dass keine dieser Fragen im Stück eine Rolle spielt, dennoch sollte man sie gegebenenfalls für sich beantworten können, denn sie beeinflussen die Erarbeitung des Charakters fundamental. Wenn es gelingt, sich all dieser Faktoren bewusst zu werden und sie in der Rolle auszudrücken, dann gelingt es auch, den Zuschauer in die ganz eigene Welt der Figur zu entführen. Deshalb bedeutet das Spiel einer Person immer, eine kleine Welt zu entdecken und umzusetzen; beim Spielen noch ein anderes Leben mit all seinen faszinierenden Bestandteilen kennen zu lernen und zu leben. Besonders spannend wird dieser Prozess natürlich dann, wenn es sich auf der Bühne um Personen und Umgebungen handelt, die den Darstellern unbekannt oder die gar irreal sind – etwa um einen Reishändler in Saigon, um den Kommandanten eines U-Bootes oder um einen Mosiwak vom Planeten Mupf.

Das »Über-sich-Hinaus-« und »In-andere-Hineindenken« führt dabei letzten Endes zu einer Bewusstseinserweiterung und diese kommt natürlich in erster Linie dem Spieler selbst zugute. Jemand, der einmal einen jähzornigen Menschen gespielt und dessen negativen Einfluss auf die Welt durchlebt hat, wird sich auch in der Realität sehr gut überlegen, ob er seinen verletzenden Emotionen so einfach freien Lauf lässt. Im Gegenteil: Je mehr Charaktere sich jemand erspielt hat, je öfter er über den eigenen Horizont hinausgeschaut hat, desto größer sind auch seine Anregungen und Möglichkeiten für die eigene Persönlichkeitsgestaltung.

Eine gründliche Schauspielausbildung wird daher immer dazu führen, dass ich die Welt so bewusst wahrnehme, dass ich weiß, welche Kennzeichen einen Lebensraum ausmachen und wie eine Umgebung oder ein persönliches Schicksal einen Menschen prägen kann.

3. Theater spielen schult das Bewusstsein für ein gesundes Miteinander

Wer schon einmal auf der Bühne gestanden und verzweifelt auf das Stichwort einer Mitspielerin oder eines Mitspielers gewartet hat, der weiß, wie sehr Schauspieler aufeinander angewiesen sind. Und das gilt nicht nur für die persönliche Arbeit. Wenn ein Künstler sich als sogenannte »Rampensau« immer in den Vordergrund spielt, kann er vielleicht Applaus erheischen, er tut aber dem Stück keinen Gefallen, da er seine eigene Person vor die Rolle stellt. Wer bei einer Aufführung nur eine Nebenrolle bekommen hat, darf eben nicht so tun, als drehe sich alles um ihn. Gemeinsam auf der Bühne zu stehen, bedeutet, miteinander für das Stück und seine Aussage da zu sein, dem anderen Raum zur Entfaltung zu geben, sich auf den anderen verlassen zu können, für den anderen zu spielen und seine Rolle zu unterstützen (siehe »Die 10 Gebote des Schauspielens«). Darum fördert Theaterspielen nicht nur die Fähigkeit, den anderen produktiv zu kritisieren, sondern auch das Sozialverhalten.

In vielen Bereichen wird Schauspielerunterricht deswegen sogar als gruppendynamisches Konzept empfohlen. Ein Team von Leuten, das gemeinsam an einer Theaterproduktion arbeitet, wächst nämlich zusammen, und das nicht nur, weil sich Künstler immer wieder voreinander öffnen und deshalb einander auch vertrauen müssen. Das Wichtigste ist wahrscheinlich, dass sie ein gemeinsames Ziel haben, eine Motivation und vielleicht sogar eine Vision für das, was sie mit ihrem Projekt erreichen können. Dieser Prozess, der alle Beteiligten über die Proben hinaus verbindet, hat einen ganz eigenen Wert. Menschen teilen ein Stück Leben und ein Stück Fantasie miteinander.

Wer mit anderen Menschen auf der Bühne steht, erlebt die anderen immer auch in schwachen Momenten, denn Theaterarbeit ist oft hart, anstrengend und nervenaufreibend – etwa dann, wenn ich eine Handbewegung oder einen Gang zum dreißigsten Mal mache und der Regisseur noch immer nicht zufrieden und überzeugt ist. Oder wenn ich zum sechsten Mal hinter der Bühne schnell das Kostüm wechseln muss, weil ein anderer den Übergang von der einen zur nächsten Szene immer versaut. Oder wenn ich eine Stunde nur am Rand sitze, weil gerade ein Akt geprobt wird, in dem ich nur einmal ganz kurz aus einer Mülltonne kommen und »Froschaugenpudding« sagen muss.

Schauspielerei hat außerdem oft mit Eitelkeit zu tun und es kann gerade bei Menschen, die sich hundertprozentig einsetzen, schnell zu persönlichen Kränkungen kommen. Die Fähigkeit, auch angespannt und in hektischen Situationen freundlich bleiben zu können, gehört deshalb mit zu den wichtigsten Eigenschaften eines Schauspielers. Es gibt viele wahrhaft große Mimen, mit denen kaum noch ein Regisseur oder Darsteller zusammenarbeiten will, weil sie bei den Proben so unerträglich sind – ein Stück beginnt eben nicht erst in der Vorstellung. Einerseits ist es aus diesen Gründen so wichtig, dass in der Truppe eine gute Atmosphäre herrscht, andererseits wird ein Schauspielschüler bald lernen, dass es ohne sie gar nicht geht und dass er offen sein muss für die Schwächen und Stärken der anderen, für Fehler, für Ängste, für Unkonzentriertheit, für Aggressionen oder für Übermut. Dass er dies aber lernen kann, ist eines der großen Geschenke des Theaters.

Eine gründliche Schauspielausbildung wird daher immer dazu führen, dass ich in meinem Umgang mit den Kolleginnen und Kollegen so verantwortungsvoll umgehe, weil ich weiß, wie sehr der Erfolg des Stückes von meiner Fähigkeit zur Gemeinschaft abhängt.

4. Theater spielen schult die Kreativität

Die Lust am Spielen ist nicht nur ein Ergebnis langer, interessanter Reifungsprozesse, sie kommt natürlich auch und gerade aus der Spontaneität, aus einem gutem Reaktionsvermögen, schnellen Einfällen und einer großen Wandlungsfähigkeit. Darum sind auch Improvisationsübungen einer der Grundbausteine der Schauspielausbildung. Geh hin, leg los und spiel dich frei! Lass deine Fantasie tanzen, denke blitzschnell an eine bestimmte Situation und probiere aus, was dir an Worten, Bewegungen, Gefühlen und Träumen einfällt und begegnet. Am beliebtesten sind »Wer? Wo? Was?-Übungen«. Man ruft einem oder mehreren Schauspielern eine Person, einen Ort und eine Handlungsanweisung zu und diese müssen dann einfach loslegen, beim Spielen spontan eine Geschichte erfinden oder auf die absurdesten Ideen und Einwürfe der Mitspieler geistreich reagieren.

Je häufiger man improvisiert, desto souveräner und sicherer wird man. Denn so widersprüchlich es klingt: Spontaneität ist bis zu einem gewissen Grad trainierbar! Viele Menschen trauen sich nur nie, es auszuprobieren. Wer dagegen regelmäßig Schauspielübungen zur Schulung dieser Fähigkeiten macht, wird entdecken, dass er nach einer Weile immer mutiger mit seinen Einfällen arbeiten kann – auch weil er sich beim Üben ein Inventar aneignet, mit dem er notfalls in der Lage ist, eine misslungene Idee zu retten. Diese Routine ist auch die einzige Medizin gegen Lampenfieber. Wer vor einem Auftritt jedesmal so aufgeregt ist, dass er nicht mehr weiß, welches Stück er eigentlich spielt, der traut eben seinen eigenen Fähigkeiten nicht; der muss lernen, an sich selbst zu glauben. Und das kann er dann, wenn er in seinem Handwerkszeug die besten »Rettungsringe« hat, um bei einem tatsächlichen Blackout nicht weinend auf der Bühne zusammenzubrechen, sondern einfach weiterzuspielen. Dieses »Notausstiegspaket« ist die Fähigkeit zu improvisieren. Wer längere Zeit Theater spielt, der weiß, dass es irgendwann zur größten Freude des gesamten Ensembles gehört, zu sehen, wie sich ein Schauspieler aus einer scheinbar missratenen Situation herausgerettet hat. Lampenfieber lässt sich wegüben. Natürlich sollte auch bei der größten Erfahrung immer das künstlerische Kribbeln vor einer Veranstaltung da sein. Wenn es ausbleibt, fehlt irgendwann auch die Überzeugungskraft. Dieses aufregende Kribbeln schränkt aber die Konzentration nicht ein, es verstärkt sie so, dass man nicht darüber grübelt, ob man es schafft, sondern darüber, wie gut man es schafft. Es macht dem Künstler deutlich, dass er sich wieder einmal mit seiner ganzen Person auf einen fremden Charakter einlässt und dabei über sich hinauswächst.

Die Gabe, spontan in der Rolle einer fremden Person eine Szene zu gestalten, lebt natürlich auch von den vorher genannten Zielen: sich selbst einschätzen zu können, die zu einem Stück gehörenden Umstände wahrzunehmen und mit anderen gemeinsam eine Welt der Fantasie lebendig werden zu lassen. Darüber hinaus verlockt aber die Kreativität dazu, intensiv über die faszinierende Welt der Zuschauer und die Vielfalt des Lebens nachzudenken; zu einer Aufgabe möglichst viele geistreiche Antworten zu finden, auch einmal Unmögliches zu wagen und das Beste herauszufiltern. Je mutiger eine Schauspielerin oder ein Schauspieler ihre Fantasie kreisen lassen, desto leichter finden sie das, was sie suchen. Wichtig ist dabei die Lust an der Entwicklung immer neuer Ideen. Denn wer bei einer Szene nach einer passenden Umsetzung sucht, dessen ganze Kreativität ist gefordert. Worin zeigt sich zum Beispiel die Wut eines Menschen? Steht er schmollend in der Ecke, wirft er mit Ambossen um sich, brüllt er, zerbricht er vor innerer Anspannung aus Versehen seinen Spazierstock, tritt er gegen einen Stuhl (vielleicht mit einem Dackel darauf), schneidet er Grimassen oder fährt er aus Trotz mit seinem Fahrrad mit hundertneunzig den Berg hinunter? Für jedes Gefühl gibt es unendlich viele Bewegungen, für jedes Wort unendlich viele Gestaltungsmöglichkeiten (siehe »Die 10 Gebote der Regie«). Und genau darum geht es bei der Kreativität: die vielen Variationsmöglichkeiten einer Handlung spontan oder in der Vorbereitung zu erfassen, sie im Geist durchzugehen, verschiedene Formen auszuprobieren und dann zu entdecken, welche von den ausgewählten am meisten überzeugt und welche am besten zu der vorgegebenen Handlung des Stückes passt.

Eine gründliche Schauspielausbildung wird daher immer dazu führen, dass ich die große Bandbreite des Lebens mit seinen unendlich vielen Ausdrucksmöglichkeiten so ausschöpfe, dass ich weiß, wie ich am besten auf eine Situation reagiere.

Theaterspielen führt das Leben mit seinen vielen Ebenen nicht nur vor, es öffnet Augen und Ohren für die Beziehungen zwischen den Menschen und für ihre Beziehung zur Welt. Darüber hinaus hilft es den Schauspielerinnen und Schauspielern, bewusster mit eigenen Stärken und Schwächen umzugehen und die Kreativität der Bühne im Alltag auszuleben. Dieser Ansatz ist so umfassend, dass es nicht verwundern muss, dass in vielen Formen von Persönlichkeitstraining, Rhetorikkursen, Managementschulungen, Gruppentherapien und Selbsterfahrungstreffen Elemente aus der Schauspielschule verwendet werden. Das ist auch sehr gut so, solange die Beteiligten wissen, was sie tun, und solange sie zwischen ihren Rollen und ihrer eigenen Persönlichkeit differenzieren können. Selbst Profis gestehen oft ein, dass sie, wenn sie sechs Wochen lang jeden Tag auf der Bühne Quasimodo gespielt haben, auch zu Hause die Glocken läuten wollen. Dagegen helfen nur Achtsamkeit und ein gutes Kollegenteam, das einen Schauspieler zurück auf den Teppich holt. Solange einem Künstler diese Gefahr aber bewusst ist, wird er damit immer problemlos umgehen können. Aus diesem Grund ist die Entwicklung der eigenen Individualität so wichtig. Wer beim Schauspielen lernt, über sich hinauszudenken, ohne sich zu verlieren, der hat wahrscheinlich das größte Geheimnis dieser Kunst verstanden: Er ist sich und der Welt näher gekommen. Und er hat sich verändert – zum Positiven.

Was das Geschichtenerzählen mit den Menschen macht und wie es richtig funktioniert, beschreibt eine jüdische Anekdote, die man getrost auch auf das Theaterspielen übertragen kann.

Ein Rabbi erzählte: »Mein Großvater war lahm. Einmal bat man ihn, eine Geschichte von seinem Lehrer zu erzählen. Da erzählte er, wie der heilige Baal-schem beim Beten zu hüpfen und zu tanzen pflegte. Mein Großvater stand und erzählte und die Erinnerung riss ihn so mit, dass er hüpfend und tanzend zeigen musste, wie der Meister es gemacht hatte. Von der Stunde an war er geheilt. So soll man Geschichten erzählen.«

Kapitel 2

Alles nur Show?

»Habe ich meinen Körper verloren,
so habe ich mich selbst verloren. Finde ich meinen Körper,
so finde ich mich selbst.
Bewege ich mich, so lebe ich und bewege die Welt.«
Vladimir Iljine

Die älteste Kritik am Theater wird immer aktuell bleiben: »Euch geht es doch nur um Selbstdarstellung. Das ist doch alles nur Theater!« Irgendeine ältere Dame wird immer aufstehen und mit weinerlicher Stimme an die guten alten Zeiten erinnern, als die Würde eines (geistlichen) Raumes noch nicht mit wilden Showelementen und öffentlicher Verweltlichung untergraben wurde. Wenn man also darüber nachdenkt, Schauspiel auch in Gottesdiensten oder bei ähnlichen Gelegenheiten einzusetzen, sollte man auf solche Einwände vorbereitet sein und die Kunst des Theaterspielens mutig vertreten. Natürlich nur, wenn man auch selbst davon überzeugt ist, dass es nicht nur um die Gelegenheit zur Selbstdarstellung geht.

Der besorgten Dame aber könnte man freundlich entgegnen: »Theater kann mit seinem ganzheitlichen Ansatz Türen öffnen, die Worte allein niemals aufschließen.« Und das gilt im Besonderen für Gottesdienste. Vielleicht stammt daher die beste Begründung für unterhaltsame Formen in der Kirche von Martin Luther: »Wenn man von der Rechtfertigung predigt, so schläft das Volk und hustet, wenn du aber mit einer Geschichte oder einem Beispiel anfängst, hören sie mit gespitzten Ohren in gespannter Stille aufmerksam zu.«

Viele Argumente, die für einen Einsatz von kürzeren oder längeren Schauspielelementen in bisher »ernsteren« Umgebungen sprechen, klären auch noch einmal genauer die Bedeutung und die besondere Wirkungsweise des Theaters. Gerade in Kirchen, in denen es viele Vorbehalte gegen die Schauspielerei gibt, ist es wichtig, die Chancen von szenischen Darstellungen deutlich zu machen.

1. Theater spricht die richtige Sprache

Ein begnadeter Redner könnte sich wochenlang auf seine Ansprache vorbereiten, er könnte mit Engelszungen und der ausgefeiltesten Sprechkunst seine Gedanken vortragen: Das alles wäre sinnlos, wenn er sein Meisterwerk vor einem deutschsprachigen Publikum auf Norwegisch vortrüge. Und trotzdem ist genau das vielerorts die Realität. Viele Vereine o. Ä., ganz gleich, ob religiöser, wissenschaftlicher oder politischer Natur, haben sich eine Gettosprache angewöhnt, die für einen Nichtdazugehörenden fast unverständlich ist. In Kirchen etwa begegnen uns Worte, die selbst die regelmäßigen Gottesdienstbesucher bei einer Umfrage wahrscheinlich nur schwer definieren könnten. Dabei hat eine Predigt ja ein Ziel: nämlich von der unvergleichlichen, lebensverändernden Liebe Gottes zu erzählen. Aber wenn ich die Welt und die Ausdrucksformen der Menschen, zu denen ich rede, überhaupt nicht wahrnehme, muss ich mich nicht wundern, wenn meine Weisheiten keine Resonanz zeigen.

Natürlich sollte auch in einem Theaterstück verständlich gesprochen werden, die Botschaft aber wird nicht nur mit dem Mund, sondern mit allen Sinnen vermittelt. Darum gilt:

a) *Theater nimmt die Menschen mit in die Geschichten hinein.* Es präsentiert einen Ausschnitt des Lebens, den die Zuschauer so oder in ähnlicher Weise schon erfahren haben – meist ohne sich darüber konkrete Gedanken zu machen. Jetzt aber können sie sich beim Zuschauen mit den Rollen identifizieren, ihre Stärken und Schwächen erkennen und sie zum eigenen Leben in Bezug setzen.
b) *Theater muss nicht »wahr« sein.* Während bei jeder theologischen Aussage zunächst gefragt wird, ob sie denn dogmatisch richtig ist, stellt ein Schauspiel subjektive Erfahrungen dar, bei denen es gar nicht darauf ankommt, ob sie wirklich wahr, im Sinne von »allgemeingültig«, sind. Niemand hat Jesus je gefragt, ob denn tatsächlich irgendwo die Arbeiter im Weinberg, der verlorene Sohn oder der barmherzige Samariter existierten. Jeder verstand sofort, dass hier ein Gleichnis erzählt wird, das in seiner Anschaulichkeit, mit damals bekannten Bildern, half, schwierige geistliche Fragen verständlich zu beantworten.

c) *Theater wird sofort relevant, weil der persönliche Bezug nicht erst hergestellt werden muss.* Die Qualität misst sich vor allem anderen an der Bedeutung, die das Dargestellte für den Zuschauer hat. Anstatt nach historischer Richtigkeit fragt ein Stück nach einer Erfahrung für das Leben – und ob diese ansprechend und nachvollziehbar ist. Zuschauer erkennen dabei sehr schnell, ob sie sich mit ihren Ängsten und Hoffnungen in der Darstellung wieder finden oder nicht. Und sie ahnen, dass die vielen Erlebnisse, die Menschen – etwa mit Gott – hatten, vielleicht die bedeutendsten Beweise für seine Relevanz sind. Im Grunde ist ja die ganze Bibel ein solches Buch voller lebensverändernder Erfahrungen!

d) *Theater drängt keine Meinungen auf.* Da jedes Schauspiel subjektive Eindrücke wiedergibt, lässt es dem Besucher auch die Freiheit, selbst zu entscheiden, wie er mit dem Gesehenen umgehen möchte. Der Zuschauer wird also nicht unter Druck gesetzt, sondern eingeladen. Das ist für viele Menschen, gerade wenn sie nach langer Zeit wieder einmal in eine Kirche kommen, besonders wichtig. Und es nimmt sie sehr ernst.

e) *Theater macht Unsagbares sichtbar.* Der Theologe Karl Barth hat einmal geschrieben: »Wer und was Jesus Christus ist, das kann nur erzählt, nicht aber als System angeschaut und beschrieben werden.« Ein gelungenes Stück zeigt deshalb, wie bestimmte Anschauungen auf Menschen gewirkt und ihr Leben verändert haben. Und genau darum geht es auch den Menschen, die in eine Kirche kommen: Sie wollen nicht eine Abhandlung über den Heiligen Geist *hören*, sondern den Heiligen Geist *erleben*.

f) *Theater redet zu allen Menschen.* Während gesprochene Worte in der Regel nur ein eingegrenztes Zielpublikum erreichen – nämlich das, das durch Bildung, Sozialisation, Aufnahmefähigkeit und Struktur in der Lage ist, die Aussagen aufzunehmen –, wirkt ein Theaterstück über alle Grenzen hinweg. Natürlich gibt es Erfahrungen, die nicht jeder macht und kennt, dennoch kann man sagen, dass Ausbildung, Geschlecht, Alter und viele andere Kennzeichen eines Menschen beim Verstehen von Schauspielelementen von geringerer Bedeutung sind als bei reinen Vorträgen.

Diese Eckpunkte machen etwas von der Kraft und der Herrlichkeit des Theaters deutlich.

2. Theater unterhält

Ob und wie wir auf bestimmte Inhalte reagieren, hängt fast immer von unserer Stimmung ab. Eine der großen Möglichkeiten des Theaters liegt deshalb gerade darin, dass es Sperren abbaut und Menschen positiv auf etwas einstimmt. Weil Herz und Hirn gleichermaßen angesprochen werden, fühlen sich die Besucher schnell zu Hause. Allein aus diesem Grund lässt sich eigentlich überhaupt nichts gegen Theater als Unterhaltung einwenden. Im Gegenteil: Wir sollten uns nach meiner Überzeugung viel mehr auf die unterhaltenden Qualitäten großer Weisheiten – etwa der biblischen Geschichten – besinnen, die ihre stärkste Kraft immer dann beweisen, wenn sie nicht ausgelegt, sondern einfach gut erzählt werden. Die Josephsgeschichte zum Beispiel hat alle Qualitäten einer *Soap Opera*: Papa hat einen Liebling, die Brüder sind eifersüchtig, es kommt zu versuchtem Mord und Totschlag. Der Junge steckt bis zum Hals in Schwierigkeiten, verwandelt sich dann aber in den Chefangestellten eines ägyptischen Hofmannes, wird von dessen Frau als obskures Objekt der Begierde behandelt, kommt ins Gefängnis, lernt nebenbei die Kunst der Traumdeutung, steigt zum Pharao-Stellvertreter auf und so weiter (nachzulesen in Genesis, Kapitel 37-50). Der Begriff »Unterhaltung« hat zu Unrecht einen schlechten Beigeschmack; er klingt eben allzu häufig nach ziel- und zwecklosem Zeitvertreib ohne Qualität. Aus diesem Grund wird es höchste Zeit, dass das Theater zeigt, wie man Unterhaltung und Anspruch verbinden kann.

Eine Kirche, in der häufig gelacht wird, weckt nicht nur die Neugier der Kirchendistanzierten, sie wird auch der Kerngemeinde immer neu die Freude an Gottes Liebe aufzeigen. Und sie macht noch etwas deutlich: Diese Gemeinde lebt nicht in einem abgeschlossenen Raum; sie lebt in der Welt, sie kann das Dasein genießen und sie feiert in einer Form, die nicht nur würdig, sondern auch befreiend ist.

3. Theater öffnet Herzen

Eine gute Theatergruppe wird mit ihren Stücken dem Publikum helfen, Widerstände zu überwinden und sich seinen Fragen zu stellen. Das liegt vor allem an der gesunden Mischung von Fantasie und Realität, Distanz und Nähe, Individualität und Universalität, die in jedem gelungenen Werk deutlich wird. Und weil ein gutes Theaterstück den Menschen gefangen nimmt, ihn neugierig macht und sein Interesse weckt, kann es besonders gut in Veranstaltungen eingesetzt werden, in denen auch noch andere Elemente vorkommen. Im Idealfall sollte es dann am Anfang gespielt werden.

Dabei ist vor allem eines wichtig: Theater darf nicht predigen! Theater, das predigt, ist eigentlich immer schlecht, weil es dabei seine eigenen Qualitäten untergräbt. Die Aufgabe der Schauspieler, so wie sie bisher dargelegt wurde, ist es ja eben nicht, vorgefertigte Antworten szenisch zu umkleiden, sondern die Zuschauer durch gute Fragen und Erlebnisse für das Folgende zu öffnen und ihnen Mut zum Nachhaken zu machen.

Ein Theaterstück, das Erfahrungen in den Raum stellt, die geradezu nach einer theologischen Beantwortung und Beurteilung schreien, macht es dem Prediger leicht, seine Thesen vorzutragen – die Beziehung zu den Menschen ist ja bereits hergestellt. Natürlich sollte er dann auch in der Lage sein, die aufgeworfenen Themen in einer fassbaren Form zu behandeln. In der Kombination von Hinleitung und Bearbeitung aber funktionieren die beiden Elemente Schauspiel und Predigt hervorragend miteinander.

Ein Theaterstück öffnet sozusagen eine Tür zwischen dem Publikum und der Welt der Bühne bzw. der Kanzel. Auch wenn eine Szene ganz unmittelbar beginnt, lädt sie den Zuschauer sofort zum Thema des Tages ein. Das, wofür ein Sprecher viele Worte braucht, schafft meist schon das Bühnenbild: Es zeigt, worum es geht. Und es deutet die Richtung an, in die die Veranstaltung gehen wird. Weil aber auf der Bühne Alltagserfahrungen sichtbar werden, die zur Identifikation reizen, holen die Schauspieler die Gäste genau da ab, wo sie herkommen, nämlich in ihrer Welt. Dadurch fühlt sich der Zuschauer unbewusst akzeptiert, willkommen geheißen, eingeladen und angesprochen, ohne dass er sich lange Gedanken machen müsste, wie er die Schwelle zwischen seiner Welt und der Welt der Veranstaltung am besten überschreiten könnte. Der Inhalt des Stückes aber führt weiter zum nächsten Element der Veranstaltung, auf das der Zuschauer dann freudig gespannt ist.

Natürlich sind den Möglichkeiten des Theaters auch Grenzen gesetzt. Sie liegen meiner Meinung nach aber weniger im Konfliktfeld von Schauspielerei und Aufführungsort als im Verständnis der Gattung an sich. Inszenierungen, die ihre Zuschauer nur noch provozieren, abstoßen, verwirren oder auf hoch psychologische oder philosophische Gedankenspiele verpflichten wollen, mögen als rein künstlerische Arbeiten ihre Daseinsberechtigung haben, die eigentliche Kraft des Theaters verlieren sie aber. Ein Regisseur, der den Menschen nicht mit der Welt, sondern mit einer erschreckend verzerrten Symbolanhäufung konfrontiert, verlockt vielleicht zu intellektuellem Nachdenken, hat aber sicher keine lebensverändernde Wirkung. Da jedoch, wo ein Stück zu einem Gleichnis des Lebens wird, in dem ich mich wieder finde und das mich motiviert, mich mit den Erfahrungen der Figuren auseinander zu setzen, da hat Schauspiel seine eigentliche Berechtigung. Für eine junge Schauspieltruppe, die an ihrer Qualität arbeiten will, gilt ohnehin der alte Grundsatz: Nur der sollte über die Grenzen einer Kunstgattung hinausgehen, der sein Handwerk beherrscht. Und darum geht es in diesem Buch.

Kapitel 3

Wie fange ich an?

»Solange ich mich erinnern kann,
haben mich alle Arten von unlebendigen Gegenständen vorwurfsvoll
angeschaut und mir in unbewachten Momenten zugeflüstert:
›Wir haben auf dich gewartet. Schließlich bist du gekommen,
nimm uns jetzt und mach etwas anderes aus uns,
es war so langweilig zu warten.‹«
Grock

Der Traum, einmal auf der Bühne zu stehen, ist viel weiter verbreitet, als man denkt. Wer bereits Schauspieler ist, wird regelmäßig Menschen begegnen, die hinter vorgehaltener Hand oder in einer stillen Stunde errötend gestehen, dass sie »ja auch schon immer einmal … na, Sie wissen schon …«, darüber nachgedacht haben, ob sie denn nicht statt Schuster, Chemikerin oder Bankdirektor lieber Film- und Fersehstars oder klassische Charakterdarsteller hätten werden sollen. Allein die Theateratmosphäre fasziniert so, dass man normalerweise keine Sorgen haben muss, willige Mitstreiterinnen und -streiter zu finden. Leider reicht das für ein gute Arbeit noch lange nicht aus.

Der bekannte Spruch »Kunst kommt von Können und nicht von Wollen, sonst hieße es Wunst« gilt auch hier. Wer Ambitionen hat, sein Talent zu entwickeln und auszuprobieren, braucht gute Mitstreiter und sollte einige Grundvoraussetzungen beachten, die ich in diesem Kapitel näher ausführen möchte.

Ein Team braucht einen fähigen Leiter

Es mag ein wenig entmutigend klingen, aber: Ohne eine Person, die schon Schauspielerfahrung hat, wird es eine junge Gruppe sehr schwer haben. Der Schritt aus dem Alltag auf die Bühne mit ihren eigenen Gesetzen, ihrer Publikumsorientierung und ihrer Dynamik erfordert eine solche Umstellung, dass man dazu mindestens einen Menschen benötigt, der einfach erkennt, ob und warum eine Darstellung gelingt oder nicht. Natürlich gibt es in diesem Bereich gute Fortbildungen, und manchmal genügen schon die Begeisterung für das Metier und ein Handbuch wie dieses, um der Leiterin oder dem Leiter das richtige Augenmaß zu geben. Am besten wäre es aber, die am Theaterspielen Interessierten würden sich jemanden suchen, der selbst schon einmal auf der Bühne gestanden hat und weiß, wovon er redet und worauf man achten muss.

Unabhängig von der künstlerischen Leitung gehört zu einer Theatergruppe immer auch eine Menge Organisation: Probenpläne müssen erstellt, Kostüme und Requisiten besorgt, Manuskripte verteilt und Ziele gesteckt werden. Das alles aber sind Dinge, die – und das weiß ich aus eigener Erfahrung – schief gehen, wenn sich gleichzeitig fünf Leute darum kümmern. Darum sollte klar sein, wer in einem Team für welche Bereiche zuständig ist, wer als Ansprechpartner nach außen fungiert und wer alle Bereiche überblickt.

Ein Leiter hat darüber hinaus aber auch die nicht immer leichte Aufgabe, das Team so zu lenken, dass es nicht zu sinnlosem Streit kommt. Wenn es etwa um heikle Themen wie Auswahl der Stücke, Besetzung von Haupt- und Nebenrollen, das Besorgen von Kulissen oder die Interpretationen von Rollen und Handlungen geht, muss jemand das letzte Wort haben. Das heißt nicht, dass eine Theatergruppe nicht grundsätzlich demokratisch aufgebaut sein kann; es hat aber keinen Sinn, wenn auf einmal zwei Parteien entstehen, die das ganze Team sprengen, nur weil die eine Heinz und die andere Rudi für die bessere Besetzung der vierundachtzigjährigen Hausmeisterin hält, die in dem Stück nur einmal kurz und trocken hustet. Normalerweise gibt es bei all diesen Dingen keine Probleme, sollte es aber einmal doch geschehen, muss jeder in der Gruppe wissen, wer nun das letzte Wort hat.

Ein Team braucht begabte Mitglieder

Bevor ein Team anfangen kann, muss es gegründet werden, müssen Leute gefunden werden, die begierig darauf sind, Theater zu spielen. Und dabei sollte man nicht den Fehler machen, jede und jeden begeistert aufzunehmen, nur um endlich eine bestimmte Gruppengröße zu erreichen. Gerade in der Schauspielerei gibt es große Unterschiede in der Begabung und niemand profitiert davon, wenn ein Unbegabter sich verzweifelt bemüht, als Darsteller zu überzeugen. Menschen, die kein großes Schauspieltalent haben, merken vor allem fast immer selbst, dass sie Probleme haben, und fühlen sich deshalb auch auf der Bühne nicht wohl.

Es lohnt sich daher, so überprofessionell das auch klingen mag, von Anfang an mit *Castings*, also mit Vorspielen, zu arbeiten. Es ist relativ leicht, zu Beginn einen wenig überzeugenden Bewerber mit freundlichen Worten zu ermutigen, erst noch einmal einen Theaterkurs zu belegen, als ihn nach zwei Jahren, in denen er immer nur einen Stuhl spielen durfte, hinauszuwerfen. Wenn eine Gruppe weniger an Aufführungen als an den Spaß und den Lernerfolg beim Proben denkt, kann sie natürlich alle Freiwilligen mit offenen Armen empfangen, wenn sie aber größere Projekte plant, sollte sie von vornherein begabte Anwärter fördern. Natürlich kann man im Zweifelsfall auch Leute erst einmal auf Zeit aufnehmen. Wichtig ist vor allem, dass es nicht irgendwann zu persönlichen Verletzungen kommt, weil ein Mitglied immer nur Kulissen schieben darf und sich dabei für ein verkanntes Genie hält. Je früher man diese Dinge klärt, desto gesünder ist es für alle Beteiligten.

Zum Testspielen sollte der designierte Leiter entweder per Handzettel werben oder Leute direkt ansprechen. Dabei wird er schnell die Erfahrung machen, dass in extrovertierten Menschen häufig keine besonders guten Darsteller stecken, weil sie gewohnt sind, immer nur sich selbst zu präsentieren, während scheinbar ruhige Zeitgenossen oft ungeahnte Ausdrucksmöglichkeiten in sich tragen und wunderbar andere Charaktere darstellen können. Beim *Casting* selbst empfiehlt es sich, nach einigen Aufwärmübungen (siehe Übungsteil) die Kandidatinnen und Kandidaten erst einmal etwas lesen zu lassen und mit ihnen dann gleich einige Improvisationsübungen zu machen. (Zum Beispiel einen Monolog über die Bedeutung der Currywurst für die Erlösung, einen Dialog über die äußeren Ähnlichkeiten von Rinderwahnsinn und Toronto-Segen oder einen Gruppenbesuch bei der schwerhörigen Ex-Torfbasketball-Weltmeisterin aus Sierra Leone.)

Dabei sollte man als Beobachter folgende Punkte besonders im Auge haben:

a) Sprache

Trägt die Stimme so, dass sie in einem gefüllten Saal auch die letzte Reihe erreicht? Kann der Schauspieler laut sprechen, ohne dass es gebrüllt klingt? Ist die Aussprache so deutlich, dass ein Zuhörer an jedem Ort im Raum versteht, was gesagt wird? Variiert der Sprecher mit seiner Stimme so, dass er damit verschiedene Emotionen und Stimmungen wiedergeben kann? Stimmlage, Volumen, Sprechgeschwindigkeit und Artikulation müssen der Raumgröße und natürlich auch ganz ästhetischen Gesichtspunkten genügen. Das mag banal klingen, aber oft scheitern begabte Darsteller schlicht daran, dass sie einfach zu leise sprechen oder so kieksig klingen, dass sie ihre Rolle nicht glaubwürdig präsentieren. Und was bringt es, wenn sich ein Hamlet auf der Bühne die Seele aus dem Leib spielt, aber ab der zweiten Reihe nicht mehr verstanden wird?
Das ist alles an sich kein Hinderungsgrund für die Teilnahme an einer Schauspieltruppe, denn eine Stimme kann man ja schulen lassen. Normalerweise bedarf es dazu aber eines speziellen Unterrichts, den der Leiter der Gruppe vielleicht gar nicht erteilen kann.

b) Ausdruck

Passen gesprochene Worte und Körpersprache zusammen? Wirken die Bewegungen in sich stimmig oder kommt es pausenlos zu Verlegenheitsgesten? Spielt der Darsteller mit dem ganzen Körper oder ist immer nur ein Teil in Aktion? Fällt der Körper ab und zu aus der Rolle oder bleibt die Darstellung konsequent? Überzeugt der Ausdruck? Natürlich gehören all diese Kriterien zu dem Handwerkszeug, das ja erst noch gelernt werden soll, doch erkennt man bei einem Vorspiel sehr schnell, wie leicht oder wie schwer einem Menschen das Erlernen dieser Fähigkeiten fallen wird. Bisweilen trifft man sogar richtige Naturtalente, die sich mit einer überzeugenden Ausdruckskraft unbekümmert hinstellen und einfach losspielen können. Sie bleiben aber die Ausnahme. In der Regel sind es nur kleine Hinweise, die das mögliche Talent eines Bewerbers verraten.

c) Kommunikation

Kann der Schauspieler die vorgegebene Aufgabe richtig umsetzen? Fördert er mit seinen Einfällen den Fortgang der Improvisation oder bremst er ihn? Kann er gut auf seine Mitspieler eingehen und ihre Rollen mit in seine Figur integrieren? Spielt er sich immer in den Vordergrund oder gibt er auch den anderen Darstellern Raum? Wie reagiert er auf spontane Korrekturvorschläge der Zuschauer? Spielt er für sich oder für das Publikum? Da Aufführungen später mit der Teamfähigkeit der Gruppe stehen und fallen können, ist es entscheidend, bereits zu Beginn darauf zu achten, wie gut sich ein Spieler beim Umgang mit anderen Menschen einfügen, aber auch abgrenzen und präsentieren kann.

d) Authentizität

Vielleicht das wichtigste Kriterium: Glaube ich dem Darsteller das, was er mir zeigt, oder merke ich die ganze Zeit, dass er mir etwas vorspielt? Nimmt er mich mit seinen Worten und seinen Ausdrucksmöglichkeiten gefangen oder bleibe ich distanziert? Finde ich mich in der Rolle wieder oder betrachte ich sie eher unberührt? Es gibt Darsteller, die eine Figur bis in die Fingerspitzen beherrschen, jede Eigenart der Rolle kennen und nachahmen können und mich dennoch nicht überzeugen; denen ich einfach nicht abnehme, dass sie das meinen, was sie da sagen. Vielleicht weil ich immer wieder den Schauspieler unter der Maske hervorkommen sehe. Auch die Überzeugungskraft ist natürlich eine lernbare Fähigkeit. Dennoch werde ich bei einem Vorsprechen schnell erkennen, wessen Figuren mich berühren und welche erst noch mit viel Arbeit an der inneren Einstellung des Schauspielers verbunden sind.

Ein Team braucht Zuverlässigkeit

Eine Probe, bei der ein tragender Darsteller fehlt, ist meist auch für die anderen wenig förderlich, ja manchmal sogar völlig nutzlos. Aus diesem Grund gehört zur Theaterarbeit immer auch große Zuverlässigkeit. Das mag zwar bei trendgemäß abnehmender Lust an der Verbindlichkeit hin und wieder zu Missfallensäußerungen bei den Teilnehmern führen, aber wer mit einer Gruppe an einem Stück arbeiten will, der sollte sich auch verpflichten, regelmäßig daran teilzunehmen. Unzuverlässige Mitglieder sind in der Theaterarbeit nicht tragbar. Bei jeder Probe werden neue Kleinigkeiten (Gesten, Requisiten, Gangarten, Kulissen, Betonungen und vieles andere) verändert und es hält das Team unnötig auf, wenn man jedesmal wegen einer Person von vorne angefangen muss. Dazu gehört auch das rechtzeitige Auswendiglernen des Textes. Nichts ist nervenaufreibender als ein Mitspieler, der alle anderen aufhält, weil er immer noch sein Manuskript mit sich herumtragen muss oder ständig falsche Sätze von sich gibt, die auch die anderen durcheinander bringen.

Darum empfiehlt es sich, regelmäßige Termine festzulegen und bei besonderen Anlässen einen klaren Probenplan aufzustellen (mit Angabe von Probentyp, Textvoraussetzung usw.). Dieser betrifft nicht nur die reinen Bühnenaktivitäten, sondern auch die Nebenarbeiten (Licht, Ton, Kostüme usw.) und die organisatorischen Aufgaben (siehe »Vom Stück zur Aufführung«). Gerade am Anfang sind Starallüren völlig unangebracht und die Bühnenteile bauen sich eben nicht von alleine auf. Wenn aber alle zusammenarbeiten, funktionieren diese Dinge meist reibungslos. Natürlich gehört es genauso zum guten Ton und zur Verantwortung des Leiters, beispielsweise dem Darsteller des Todes, der erst im zweiten Akt auftaucht, freizugeben, wenn an einem bestimmten Tag nur der erste Akt geprobt wird. Je genauer die Vorbereitungen und Probentermine für einen Auftritt geplant werden – am besten gleich mit klaren Zeitangaben und Pausen –, desto geringer ist das Frustrationspotenzial bei allen Beteiligten.

Ein Team braucht ein Ziel

Viele Theatergruppen proben jahrelang versteckt und noch etwas unsicher vor sich hin, bis irgendwann das Interesse an der Kunst in Grund und Boden gespielt ist. Und nach einiger Zeit fragen sich alle verwundert, warum sie nicht mehr so begeistert wie am Anfang bei der Sache sind. Zielloses Proben führt fast immer zu einer Desillusionierung, denn wer nicht weiß, wo er hin will, der kommt auch nicht vorwärts. Deshalb sollte sich jedes Team regelmäßig zusammensetzen, um über

Fern- und Nahziele zu sprechen und zu überlegen, was die nächsten Schritte sein können. Das gilt sowohl für inhaltliche als auch für organisatorische Perspektiven.

Wer mit seiner Gruppe neu beginnt, setzt sich am besten gleich am Anfang klare Vorgaben: eine Phase zum Warmwerden, eine Phase zum Erlernen der Grundkenntnisse, eine Phase für szenische Proben und dann ein erster Auftritt, vielleicht in kleinem Rahmen. Für eine eingespieltere Gruppe ist das Thema vielleicht die künstlerische Entwicklung, die nächstgrößere Herausforderung, eine neue Kunstform (Musical, Pantomime, Dreiakter), ein völlig anderer äußerer Rahmen, ein Auftritt im Gefängnis o. Ä.

Ohne eine Vision verliert die Arbeit ihren Motor – eine Erkenntnis, die wahrlich nicht nur für Theatergruppen gilt. Gerade bei Schauspielern ist es aber für die künstlerische Entwicklung entscheidend, dass sie immer überlegen, wo für sie eine neue Aufgabe wartet.

Für eine Gruppe, die noch am Anfang steht, hat sich folgendes Basiskonzept bewährt:

a) Leiter suchen.
b) Schauspieler auswählen.
c) Gemeinsame Ziele festlegen.
d) Probenpläne erstellen.
e) Mit der Grundausbildung anfangen – Übungen zu den Bereichen: Wahrnehmung, Körper, Bewegung, Vertrauen, Improvisation (siehe »Übungen«) usw.
f) Früh mit der Arbeit an Stücken beginnen, da es oft einfacher ist, in konkreten Szenen die eigenen Schwächen zu erkennen als in schematischen Übungen.
g) Auftrittsmöglichkeiten suchen.

Ein Team braucht die richtigen Voraussetzungen

Wer auf einer großen Bühne stehen will, sollte auch eine haben – zumindest für die letzten Proben. Wer nur im dunklen Keller übt, darf sich nicht wundern, wenn bei der Aufführung alle die Augen zusammenkneifen, weil die Scheinwerfer blenden. Wer erst bei der Generalprobe feststellt, dass man zum Anziehen des Smokings mit Fliege drei Minuten und acht Sekunden braucht, obwohl der Regisseur dafür nur achtzig Sekunden eingeplant hat, wird schnell den Hass der verzweifelt auf der Bühne wartenden und improvisierenden Kolleginnen und Kollegen auf sich ziehen. Und wer seine Inszenierungen in der Küche der Mutter einer der Mitspielerinnen plant, erkennt erst am Tag der Niederlage, warum seine großartigen Einfälle auf der Zwölf-Meter-Bühne so bescheiden wirken und warum niemand die Schauspieler versteht, weil diese noch nie in einem großen Saal gesprochen haben. Natürlich ist das ein Horrorszenario, aber eines, das in der Realität leider nur allzu häufig vorkommt. Theater braucht Raum und man sollte sein Team von Anfang an daran gewöhnen, für ein imaginäres Publikum zu spielen und möglichst früh die Rollen unter Aufführungsbedingungen zu trainieren.

Am besten eignet sich ein heller Raum mit guter Akustik, in dem eine Markierung die Bühnenmaße anzeigt. Diese sind deshalb unverzichtbar, weil die Spieler wissen müssen, wo sie später hinter den Kulissen verschwinden und wo sie bereits für das Publikum sichtbar werden. Der Regisseur sollte einen Platz haben, an dem er die ganze imaginäre Bühne überschaut und zum Anspielpartner der Akteure wird. Kulissen sollten frühzeitig – notfalls behelfsweise – mit den später verwendeten Entfernungen voneinander aufgestellt werden. Es kann einen Darsteller nämlich sehr verwirren, wenn er für einen Weg, den er bei den Proben vierzig Mal mit drei Schritten gegangen ist, auf der Bühne plötzlich fünf Schritte benötigt. Je mehr sich die Schauspieler in den Kulissen zu Hause fühlen, desto sicherer werden sie später agieren. Auch die technischen Voraussetzungen für Toneinspielungen, Lichteffekte oder Umbauarbeiten sollten in der Probebühne vorhanden sein. Ist eine Theatergruppe erst einmal eingespielt, kann sie auch auf manche Bequemlichkeit verzichten und sich kurzfristig auf die Aufführungsbedingungen einstellen. Eine angenehme und professionelle Arbeitsatmosphäre trägt aber immer über die Aufführung hinaus zu einer erfolgreichen Teamentwicklung bei.

Bei all diesen Anregungen sollte man als motivierter Theaterträumer eines nie vergessen: Einfach anfangen und ausprobieren ist der sicherste Weg zu einer guten Truppe. Was für den Einzelnen gilt, gilt eben auch für die Gemeinschaft: Theater spielen lernt man durch Erfahrungen und ein Theaterhandbuch hilft dabei, ein Bewusstsein dafür zu bekommen, worauf es auf der Bühne ankommt, diese Erfahrungen auszuwerten und produktiv weiterzuentwickeln. Mit einem kompetenten Leiter, einem begabten Team, klaren Strukturen, einer Vision und der richtigen Umgebung ist man seinem Traum schon sehr nah.

Kapitel 4

Die 10 Gebote des Schauspielens

»Der Schauspieler soll nie vergessen, dass man immer von seinem eigenen Wesen und nicht von der Rolle aus leben muss und von dieser nur die gegebenen Umstände nimmt.«
Konstantin Stanislawski

Die hohe Kunst des Theaters kann man sicher nicht in starre Regeln fassen, sie erfordert die ganze Hingabe des Künstlers, ein freies Spiel mit allen Möglichkeiten der Darstellung, das sich zugleich einfühlsam in die charakterlichen Grenzen einer Rolle schmiegt und den Zuschauer für sich gewinnt – und die Sehnsucht, in der Welt der Bühne ein zweites, ein vielfältiges Zuhause zu finden. Darum können diese »10 Gebote« natürlich kein Standardrezept für den Erfolg sein. Eines aber können sie garantieren: Wer sich nicht an sie hält, der wird den Sprung zum Bühnenerfolg wohl kaum schaffen. Sie sind die Grundlage für eine gute Schauspielarbeit und auf sie hin zuweisen, nimmt oft den Großteil der Regiearbeit in Anspruch.

Wer diese 10 Gebote irgendwann einmal verinnerlicht hat, der wird beim Proben schnell entdecken, warum eine Darstellung an einigen Stellen noch hölzern und unschön wirkt oder warum sie von vorne bis hinten überzeugt. Und er wird nicht mehr viel darüber nachdenken müssen. Meist lassen sich unnötige Fehler dann mit kurzen Worten benennen und beheben. Diese Sammlung ist glücklicherweise keine theoretische Abhandlung, sie stammt aus der Erfahrung vieler Schauspielerinnen und Schauspieler und kann ein bißchen als das »Einmaleins der Bühne« angesehen werden. Wie bei jeder Kunstform gilt natürlich auch hier: Wer sein Handwerk beherrscht, darf auch einmal gegen die Regeln verstoßen. Wer aber noch übt, der sollte erst ganz bewusst lernen, sich an die 10 Gebote zu halten: Er wird sich wundern, wie viel er dann schon kann. Also los! Oft hilft es beim Trainieren sehr, einfach eine kurze Szene zu spielen und dabei zu sehen, ob die Grundregeln eingehalten werden. Viel Erfolg.

1. Gebot: »Körperspannung«

Ob ein Schauspieler auf der Bühne präsent ist und eine überzeugende Ausstrahlung hat, hängt im Wesentlichen von seiner Körperspannung ab, das heißt, ob der Zuschauer spürt, dass der Darsteller mit allen Sinnen in seiner Rolle ist. Körperspannung bedeutet, jeden Teil des Körpers bewusst zu kontrollieren und ins Spiel mit einzubeziehen; kurz: sich nicht hängen zu lassen. Einem Darsteller, der nicht ganz konzentriert bei der Sache ist, merkt man das noch im dritten Rang an. Seine Bewegungen sind kraftlos, ohne wirklichen Ausdruck und gewollt; er verkörpert seine Rolle nicht, er versucht mit stereotypen Gesten etwas auszudrücken, das er nicht empfindet. Ein Schauspieler mit Körperspannung hingegen weiß genau, um wie viel Prozent er sein Verhalten auf der Bühne gegenüber dem Alltag steigern muss, damit es bei den Zuschauern den Eindruck erweckt, als sei es natürlich. Das richtige Gefühl für Bewegungen, die tatsächlich den ganzen Raum einnehmen, weil sie so konzentriert und sicher sind, ist manchen Menschen angeboren, die meisten aber müssen diese innere Dynamik erst lernen.

Dieses Bewusstsein für die Bühnenpräsenz ist entscheidend, es muss deshalb hinter der Kulisse anfangen und darf auch vor dem Abgang von der Bühne nicht wieder aufhören. Schlechtes Theater zeichnet sich häufig dadurch aus, dass die Schauspieler erst anfangen zu spielen, wenn sie ihre erste Spielposition erreicht haben. Grundsätzlich gilt: Der Aufgang ist die Visitenkarte des Charakters. Wer fahrig auf die Bühne kommt, verspielt sich schon mit dem ersten Eindruck alles. Das Gleiche gilt für den Abgang! Ein Auftritt ist erst zu Ende, wenn die Zuschauer den Darsteller nicht mehr sehen können. Ein Spieler, der nach seinem letzten Wort aus der Rolle fällt und völlig unbeteiligt aus der Szene schlurft, kann alles kaputtmachen, was er vorher an Gutem dargeboten hat.

Auch wenn es für einen Beobachter oft schwierig ist, dem Schauspieler zu sagen, wo die Körperspannung fehlt, weiß dieser, wenn er darauf angesprochen wird, fast immer sofort, was gemeint ist. Vielleicht, weil ein stimmiger und der Rolle entsprechender Muskeltonus die innere Einstellung widerspiegelt. Wer die richtige Körperspannung beherrscht, der wird auch spüren, wie leicht es ihm fällt, eine Rolle authentisch und mit großer Ausstrahlung darzustellen. Wenn man mit Ensembles aus erfahrenen und weniger erfahrenen Darstellern arbeitet, ist es oft verblüffend, dass eine Bühne auch dann noch leer wirken kann, wenn zehn Neulinge darauf agieren, dass man aber bei einem einzigen Profi gleich das Gefühl hat, sie sei gefüllt. Diese Ausdruckskraft des Körpers zu erarbeiten, gehört zu den großen Zielen der Zunft.

2. Gebot: »Rollengefühl«

Ein Schauspieler, dem man ansieht, dass er spielt, dass er – vielleicht sogar sehr kunstvoll – in die Haut eines anderen geschlüpft ist, überzeugt nur selten. Gefesselt werde ich nur von einer Darstellung, in der ich vergesse, dass es sich um Schauspieler handelt, und kurzzeitig davon überzeugt bin, tatsächlich ein venezianisches Liebespaar oder ein deutsches Fliegerass vor mir zu haben.

Damit ein Akteur diese Überzeugungskraft besitzt, muss er selbst ganz in seiner Rolle sein. Er muss sie mit allen Bewegungen, Gefühlen, Erfahrungen und Beziehungen erleben. Für zwei Stunden muss der achtundzwanzigjährige Akteur zu einem fünfzigjährigen Friseur werden können. Er muss die dreißig Jahre Berufserfahrung, den Berg von Haaren und die Druckstellen der Schere an der Hand so verinnerlichen, dass man ihm seine Darstellung glaubt. Darum ist auch die intensive Beschäftigung mit der Rolle so wichtig. Wenn ein Schauspieler es schafft, die Person des Stückes nicht zu spielen, sondern zu *sein*, dann wird er alle Zuschauer mitreißen.

Natürlich ist das nicht immer leicht: Zum Beispiel werden Jugendliche, die Skinheads spielen, auf der Bühne so lange unglaubwürdig wirken, bis man wirklich für einen Augenblick den Hass auf die Ungerechtigkeit der Welt und die ihrer Meinung nach zu Unrecht bevorzugten Ausländer in ihren Augen sehen kann. Nur wenn sie wirklich hassen, glaubt man ihnen den Hass auch. Das klingt natürlich erschreckend, darum sei es an dieser Stelle noch einmal gesagt: Die Befürchtungen vieler Menschen, eine so intensive Auseinandersetzung mit einer Rolle könne negativ auf die Darsteller einwirken, sind sicher nicht ganz unberechtigt. Allerdings ist mir noch nie ein Fall begegnet, in dem das wirklich passiert wäre. Zwar kommt es vor, dass jemand auch *offstage* das Papageno-Gemüt nicht verbergen kann oder noch eine Zeit lang zu Hause den Henry Higgins spielt, doch sind sich die Personen dieser Tatsache immer bewusst. Gerade bei negativen Rollen tritt dabei der positive Effekt ein, dass Schauspieler plötzlich begreifen, warum Menschen so und nicht anders handeln, wie man damit umgehen kann und wie man sich davor schützt, in ähnliche Verhaltensmuster zu fallen.

Während des Stückes ist es die größte Herausforderung für den Schauspieler, nicht aus seiner Rolle zu fallen. Die Versuchung, die eigene Persönlichkeit, das eigene Empfinden und das nach eigenem Ermessen »korrekte« Verhalten hervorkommen zu lassen, wird oft sehr stark. Wenn sich der Prinz nach dem Fallen des Vorhangs wieder in den Mimen und die Königin wieder in die Darstellerin verwandelt, hat es auch etwas mit dieser wundervollen Metamorphose und der Rückkehr aus der Fantasie in die Realität zu tun, dass die Akteure beim Verbeugen so oft beseelt lächeln.

Bei Anfängergruppen muss man erfahrungsgemäß vor allem darauf achten, dass sie ihre Rolle auch dann weiterspielen, wenn sie gerade nichts zu sagen haben. Wenn etwa in einer Kneipenszene plötzlich einem Betrunkenen ein Glas Bier umfällt, dann müssen alle Schauspieler, die einen Gast darstellen, zusammenzucken, auch wenn sie natürlich wissen, dass das Klirren der Scherben im Manuskript steht. Wenn am Nachbartisch eine Frau aufsteht und lauthals ihre Lebensgeschichte zum Besten gibt, müssen die Mitspieler natürlich darauf reagieren – und zwar so, wie sie es auch in einer echten Gaststätte machen würden, in der jemand plötzlich anfängt, laut herumzugrölen: mit Unsicherheit, Neugier, Unverständnis, Ärger oder in einer anderen passenden Form. Darum gilt: Ich muss meine Rolle durchspielen und jederzeit auf die Vorgänge auf der Bühne eingehen! Und selbst wenn ich im Halbschatten stehe und momentan nur als historischer Kleiderständer diene, bin ich Teil der Gesamtszenerie. Alles, was passiert, betrifft mich, so wie es mich auch in der Realität betreffen würde. Der Unterschied zu den im Manuskript vermerkten Einsätzen ist: Während ich an den hervorgehobenen Stellen einen Text habe, an dem ich meine Figur entwickeln kann, muss ich in den Sprechpausen meinen Bühnencharakter ausschließlich aus meinem Rollenbewusstsein heraus gestalten. Darum ist es weitaus schwieriger, unerfahrenen Darstellern das Spielen im Hintergrund schmackhaft zu machen, als mit ihnen die vordergründigen Szenen auszuarbeiten. Ein Zuschauer aber wird sich sehr wundern, wenn auf der Bühne ein Mensch zusammengeschlagen wird und sich die vorbeiflanierenden Fußgänger dafür überhaupt nicht interessieren und nur auf ihren nächsten Satz warten. Eine Rolle beginnt am Anfang des Stückes und endet mit dem Schlussvorhang. Wer seine »Spielpausen« nicht mit Charakter füllt, sondern jedesmal lethargisch in sich versinkt, wird es nicht nur schwer haben, sich immer wieder neu in seine Figur hineinzufinden, er wird auch niemals die Symphatie des Publikums gewinnen.

3. Gebot: »Realismus«

Ein Polizist schwingt immer den Knüppel, wenn er die Straße herunterkommt; wer von Geld spricht, reibt den Daumen an Zeige- und Mittelfinger wund; Gangster drohen fortwährend grimmig mit der Faust; wer etwas belauschen will, hält äußerst verkrampft die Hand ans Ohr, und Teenager grinsen pausenlos ins Publikum. Wenn man Pech hat und in eine Aufführung gerät, die nur so vor Klischees strotzt, sollte man am besten gleich wieder hinausgehen. Nichts ist schlimmer als eine Theatergruppe, die nicht Menschen und Persönlichkeiten, nicht die individuellen Ausdrucksformen einer Figur präsentiert, sondern Typen und Masken oder standardisierte Verhaltensmuster. Natürlich ist es schwerer, einen Charakter wirklich zu erarbeiten, als mit übertriebenen Bewegungen eine Rolle auf ihren Wiedererkennungswert zu beschränken. Aber: So einfach »gestrickten« Menschen, die man sofort in eine Schublade stecken kann, begegnet man in der Realität niemals. Gutes Theater wird deshalb immer versuchen, pauschale und unpersönliche Auftritte zu vermeiden. Über klischeehafte Typen wird man vielleicht lachen oder sich ärgern, berühren werden sie einen Zuschauer aber nicht. Und übersteigerte Gesten wirken letztlich nur unnatürlich und kindisch. Darum sollte die Grundfrage jedes Schauspielers und jedes Regisseurs lauten: Gibt es dieses Bewegungsmuster, mit dem ich eine Figur auszeichnen will, auch in der Wirklichkeit oder entspricht es nur einer Karikatur? Kann ich mir vorstellen, selbst eine solche Geste zu gebrauchen, oder wirkt die Darstellung völlig überdreht? Und wie sinnvoll ist die Geste in diesem Augenblick? Niemand benutzt im Alltag pausenlos die Bewegung des Geldzählens und nur wer tatsächlich gegen das Licht in die Ferne schauen will, legt dazu wie ein Indianer auf einem hohen Berg die Hand theatralisch über die Augen. Wenn ein Schauspieler dies macht, der seine Brille in einem Vier-Quadratmeter-Zimmer sucht, sieht das äußerst unsinnig aus.

Natürlich ist diese übertriebene Beschreibung auch ein Klischee, aber für einen Regisseur ist es immer wieder verwunderlich, wie viele Standardbewegungen er von Darstellern angeboten bekommt, die nur einer typisierten Vorstellung von Charakteren, nicht aber wirklichen Gesten entsprechen, die tatsächlich benutzt werden. Entweder sind die angebotenen Bewegungen zu groß oder zu dynamisch, zu unnatürlich oder zu bescheiden. Je authentischer bestimmte Gesten wirken, desto leichter kann sich der Zuschauer damit identifizieren und auseinander setzen. Die Kunst besteht deshalb gerade darin, die kleinen Nuancen in den unterschiedlichsten Figuren auszuleben und nicht stereotype Muster vorzuführen. Wenn auf der Bühne nur festgelegte Typen dargestellt werden, gibt es für sie überhaupt keine Möglichkeit, sich zu entwickeln oder als Individuen interessant zu werden. Im Slapstick mag es lustig sein, wenn ein Künstler zum siebenunddreißigsten Mal über einen Waschzuber fällt, in einem Theaterstück, das die Realität nachzuahmen sucht, sollten Regisseur und Kollegen ein ernstes Wort mit diesem Schauspieler reden.

Das Gebot der Natürlichkeit gilt selbstverständlich auch für die Sprache. Wer glaubt, dass Schwiegermütter immer kreischen, Lehrer immer drohen, Hausmeister immer motzen und Pfarrer permanent mit tonloser, sanfter Stimme vor sich hin reden müssen, der entwickelt auch kein lebendiges Verhältnis zu seiner Rolle. Er bleibt in dem engen Gerüst einer Figur gefangen und beginnt nicht, sich die eigentlichen Feinheiten ihrer Persönlichkeit zu erspielen.

Erst, wenn der Zuschauer das Gefühl hat, dass er realen Menschen gegenübersitzt, die seine Erfahrungswelt wiedergeben oder erweitern, erkennt er sich auch in ihnen. Bei vielen Anfängern kommt es deshalb nicht darauf an, sie zum Spielen zu motivieren, sondern sie in ihren übertriebenen Darstellungswünschen zu bremsen und ihnen ein gesundes Gefühl für die Rolle zu geben.

Eine besondere Herausforderung liegt dabei darin, den Schauspielerinnen und Schauspielern die Lust an sinnlosen Gesten auszutreiben.

Zu Beginn einer Ausbildung bieten die Darsteller in der Regel in achtzig Prozent aller Fälle Bewegungen an, die überhaupt keinen Sinn ergeben, weil sie den gesprochen Text nicht in irgendeiner Form untermalen, vertiefen und ergänzen. Da Menschen im normalen Umgang miteinander aus Bewegungsdrang häufig mit den Händen in der Luft herumfuchteln, müssen sie sich auf der Bühne sehr konzentrieren, wenn dort nur sinnvolle Gesten gefragt sind. Verlegenheitsbewegungen und unverständliche Andeutungen in der Körpersprache helfen dem Zuschauer nicht weiter. Darum sollte sich ein Schauspieler immer wieder fragen: »Hat die Bewegung, die ich gerade mache, überhaupt einen Sinn? Was drücke ich mit ihr aus? Warum mache ich sie gerade so und nicht anders?« Erst, wenn alle nichtssagenden Gesten unterdrückt und aussagekräftige Bewegungen gefunden sind, wird eine Schauspielerin oder ein Schauspieler wirklich überzeugend.

Gerade bei diesem Gebot gilt allerdings in besonderem Maße: Wenn eine Schauspielerin oder ein Schauspieler gelernt hat, natürlich zu spielen, kann es aus guten inszenatorischen Gründen selbstverständlich vorkommen, dass der Regisseur um Übertreibungen, Verfälschungen oder Zuspitzungen im Ausdruck bittet. Erfahrene Akteure werden dabei aber nicht künstlich wirken.

4. Gebot: »Publikumsorientierung«

Das große Problem neuer Theaterschauspieler ist, dass sie die Bühne als einen geschlossenen Raum betrachten, in dem sie in eine fremde Welt eintauchen. Sie vergessen dabei, dass diese Welt wie keine andere von einem einzigen Grundsatz bestimmt ist: Alles, was auf der Bühne geschieht, geschieht für das Publikum. Darin unterscheiden sich auch die Theaterselbsterfahrungsgruppe, der Bibliodrama-Workshop oder die Wahrnehmungstherapie von der Schauspieltruppe. Bei allem Positiven, was die Darsteller für sich selbst mitnehmen, hat ihre Welt eine klare Ausrichtung – den Zuschauerraum. Sie ist sozusagen in eine Richtung gepeilt, in eine Richtung geöffnet. Obwohl dieser Gedanke eigentlich selbstverständlich sein sollte, muss man ihn immer und immer wiederholen, damit die Menschen in den Sitzen nicht nur die Rückansichten der Darsteller zu sehen bekommen. Die Kunst, nach vorne – in den Zuschauerraum – zu spielen, nimmt anfangs bei den Proben einer frischgegründeten Theatergruppe erfahrungsgemäß die meiste Zeit in Anspruch.

Publikumsorientierung und -kontakt entscheiden darüber, ob ein Spiel ankommt oder nicht. Dabei gelten auf der Bühne in bestimmten Bereichen einfach andere Regeln als in der realen Welt. Wichtig ist zum Beispiel nicht, ob ich mein Gegenüber beim Sprechen anschaue, sondern ob es im Zuschauerraum so *aussieht*, als ob ich mein Gegenüber beim Sprechen anblicke. Das ist ein riesiger Unterschied. Für Anfänger gehört es darüber hinaus mit zu den schwierigsten Übungen, die auf der Bühne unerlaubte Fahrigkeit abzulegen, denn im Alltag deuten wir viele Gesten nur an. Wenn ein Gesprächspartner direkt vor mir steht, weiß er auch meist sehr genau, was ich mit einem unklaren Kreisen meiner Hand ausdrücken will. Vor Publikum verschwinden unklare und schwammige Bewegungen, sie müssen deutlich und unmissverständlich ausgeführt werden.

Hier die wichtigsten Gesetze:

a) Die Zuschauer wollen Gesichter sehen!

Schauspieler, die nach hinten sprechen und dem Publikum den Rücken zudrehen, sind uninteressant. Menschen wollen die ganze Gestik und Mimik eines Darstellers wahrnehmen und dazu müssen sie ihn von vorne sehen. Am einfachsten ist es, sich vorzustellen, man hätte als Schauspieler eine verlängerte Achse durch beide Schultern: Diese Achse darf nie mehr als neunzig Grad zur Bühnenvorderkante stehen – das ist die sogenannte »offene Haltung«. Bereits wenn ich mich ein wenig mehr nach hinten drehe, können die Zuschauer mein Gesicht und meine Hände nicht mehr richtig erkennen. Es klingt banal, aber das nach Spielen nach hinten ist wahrscheinlich der am häufigsten begangene Fehler auf Laienbühnen.

Es kommt also darauf an, sich an jeder Spielposition eine Haltung zu suchen, die offen ist. Manchmal reicht es dazu schon, die Schultern richtig zu platzieren, manchmal muss eine ganz neue Position gesucht werden. Das Wichtigste ist der dem Publikum zugewandte Oberkörper. Was mache ich aber, wenn ich von links vorne nach rechts hinten muss? Ich gehe einfach, rede und gestikuliere aber in der Zeit nicht und drehe mich – hinten angekommen – wieder nach vorne. Oder ich drehe beim Laufen den Oberkörper so nach vorne, dass die Haltung offen bleibt. Und wenn ich von links vorne nach links hinten muss? Dann kann ich auch einfach gehen, ohne dabei zu agieren, oder aber ich gehe erst schräg nach rechts hinten, bleibe stehen, drehe mich um die eigene Achse – immer nach vorne zum Publikum –, so dass mein Gesicht die ganze Zeit sichtbar bleibt und laufe dann schräg nach hinten links (am besten selbst üben). Nur eines bitte niemals: rückwärts laufen. Denn das kommt in der Realität nicht vor und sieht, um es deutlich zu sagen, beschränkt aus.

Auch beim Nachvornspielen geht Probieren über Studieren und oft ist es nicht leicht, bei Gruppenszenen, Liebesgeflüster, Boxkämpfen oder Familienszenen am Abendbrottisch dafür zu sorgen, dass alle nach vorne blicken. Bisweilen muss der Regisseur verschiedenste Positionen ausprobieren, bis er eine gefunden hat, die für alle Zuschauer, ganz gleich, ob sie links vorne oder rechts hinten sitzen, offen ist. Keine Sorge: Es dauert bei allen Theatergruppen eine ganze Weile, bis das funktioniert.

b) Die Zuschauer wollen etwas verstehen!

Die Kunst, auf der Bühne so zu agieren, dass die Darstellung natürlich aussieht und zugleich im dritten Rang überzeugend wirkt, gehört mit zu den schwierigsten Aufgaben einer Schauspielausbildung. Vieles davon kann man üben: etwa das laute Flüstern, das leise klingt, aber zwanzig Meter weit trägt, oder das schüchterne Lächeln, das dennoch so deutlich ist, dass es auch der Platzanweiser mitbekommt.

Beim Sprechen kommt es vor allem darauf an, die normale Stimme etwas lauter werden zu lassen, ohne den Klang zu verändern. Natürlich muss ein Schauspieler, der auf der Bühne von seinem Tischnachbarn die Milch erbittet, anders sprechen, als säßen nicht vierhundert Zuschauer im Publikum, es darf aber nicht so klingen, als ob er sein Gegenüber beim Kaffeetrinken andauernd anschreit. Hier hilft vor allem Training.

Bei Gestik und Mimik benötigt man viel Routine, um beurteilen zu können, um wie viel Prozent ein Ausdruck mindestens verstärkt werden muss, damit er nicht im großen Saal untergeht, und wie groß er höchstens sein darf, damit er nicht künstlich und übertrieben wirkt. Hilfreich sind dabei vor allem die Kommentare der Mitspieler (siehe »10. Gebot: ›Feedback‹«).

c) Die Zuschauer wollen alle Schauspieler sehen!

Gerade wenn eine große Theatergruppe auf einer kleinen Bühne spielt, entsteht das Problem, dass sich allzu häufig Schauspieler gegenseitig verdecken, weil sie so voreinander stehen, dass der Zuschauer die hinteren Darsteller nicht sieht. Es gibt wohl kaum etwas Unprofessionelleres als ein Stück, in dem ich die Akteure zwischenzeitlich aus den Augen verliere, weil mir der dickste Darsteller, der die ganze Zeit vorne an der Bühnenkante steht, immer die Sicht auf die eigentliche Handlung verdeckt. Das Ausnutzen des ganzen Raumes und das Platzieren der Personen sind maßgeblich für die Wirkung einer Szene verantwortlich. Darum gehört es zur Grundaufgabe eines Regisseurs, dafür zu sorgen, dass alle Gänge und Positionen so gestellt sind, dass es nicht zu solchen Verdeckungen kommt. Da aber gerade in frisch gebackenen Teams noch nicht jede Bewegung choreografiert ist, brauchen alle Mitspieler offene Augen dafür, wo eine Kollegin oder ein Kollege einen Darsteller »unsichtbar« macht und wo sie sich selbst freispielen müssen.

5. Gebot: »Timing«

Ob bestimmte Bewegungen und Sätze ihre Funktion erfüllen oder untergehen, ob Pointen zünden oder platzen, hängt meist nur vom richtigen Timing ab, von der Kunst, sie bewusst und sauber zu platzieren. Die vielleicht etwas seltsam anmutende Grundregel für Anfänger lautet dabei: Niemals gleichzeitig bewegen und sprechen. Gesten und Worte rauben sich gegenseitig die Wirkung, sie überdecken sich und überfordern den Zuschauer, weil er nicht weiß, worauf er achten muss. Jeder Satz und jede Bewegung müssen so akzentuiert werden, dass sie sich entfalten können. Für Fortgeschrittene gilt dieses Gebot nur eingeschränkt, Laientheatergruppen aber wirken häufig nur deshalb so dilettantisch, weil alle Darsteller sich beim Reden vor lauter Bewegungen die Worte vom Mund wegschlagen.

Weil es sicher schwer ist, sich die Wirkung eines falschen Timings vorzustellen, hier ein einfaches Beispiel zum Nachdenken und Ausprobieren: Ein Mann sitzt wütend an einem Tisch und sagt: »Jetzt reicht es mir. Ich mache Schluss!« Zwei Bewegungen sollen in diese Sätze integriert werden: ein kräftiger Schlag auf den Tisch und das Aufstehen.

Wer diese winzige Szene einmal vor Freunden oder vor dem Spiegel ausprobiert, wird sofort erkennen, wie unnatürlich und wie wenig überzeugend es aussieht, wenn der Spieler unkoordiniert während des Sprechens die Faust auf den Tisch donnert und sich erhebt, wenn also zum Beispiel der Schlag auf »reicht« ertönt und das Aufstehen bei »mache« erfolgt. Mit dem richtigen Timing aber bekommt die Szene Kraft: »Jetzt reicht es mir.« – Schlag – »Ich mache Schluss!« – Aufstehen. Entscheidend ist der Wechsel zwischen Bewegung und Sprache. Es ginge also auch so: Aufstehen – »Jetzt reicht es mir.« – Schlag – »Ich mache Schluss!«. Wer alle Varianten ausprobiert, entdeckt dabei sicher, dass jede eine etwas andere Wirkung hat. Das Timing entscheidet also darüber, ob und wie eine einfache Szene aus zwei kurzen Sätzen und zwei Bewegungen überzeugt oder nicht und was sie dabei ausdrückt.

Gerade bei längeren Monologen lebt die Sprache davon, dass mit Gängen oder Gesten Akzente gesetzt werden, die das Gesagte mit dem Körper untermauern. Die Kunst, zu vorgegebenen Aussagen passende und verstärkende (manchmal auch unpassende und gegenläufige) Bewegungen zu finden, gehört mit zu den großen kreativen Aufgaben des Theaterspiels; die Kunst, den richtigen Moment dafür zu finden, ist aber vielleicht noch größer. Wenn in einem Stück eine Tochter ihre Mutter um den Autoschlüssel bittet und diese daraufhin einen großen Monolog über zu langes und zu häufiges Herumtreiben ihrer Tochter beginnt, ist der entscheidendste Moment für die Entwicklung der Handlung der, in dem sie ihr dann doch den Schlüssel gibt. Diese Bewegung, die dem Text eigentlich widerspricht, sagt mehr über die Beziehung der beiden als alle gesprochenen Worte. Es kommt deshalb darauf an, sehr sorgfältig zu erwägen, wann sie erfolgt, und darauf zu achten, dass sie nicht untergeht.

Die Frage des Timings stellt sich nicht nur bei einzelnen Bewegungen; sie muss während des gesamten Stückes beachtet werden: Wann erfolgt der Schuss, an welcher Stelle einer Szene wendet sich die Geliebte mit Grauen von ihrem Liebhaber ab und wann erkennt der Forscher zum ersten Mal, dass King Kongs Mundgeruch die Luft in seiner Umgebung so schlecht macht? Gute Komik im Schauspiel wird immer Bewegungskomik sein. Sprachspiele und Wortwitze sind ab und an sehr unterhaltsam, Situationskomik aber, die aus dem gut getimten Zusammenspiel von Sprache und Gestik entspringt, hat erfahrungsgemäß viel größeren Erfolg. Bei Gruppenszenen ist es oft sogar am wirkungsvollsten, wenn ganze Bewegungsabläufe choreografiert werden; wenn sich also zum Beispiel jede Geste eines Schauspielers auf die eines anderen bezieht oder wenn zwei Spieler wie durch Zufall eine Drehung parallel oder spiegelverkehrt machen. Diese Feinheiten geben einem Theaterstück Tiefe.

6. Gebot: »Motivation«

Manchmal ist nichts schlimmer als ein Schauspieler, der seine Rolle, seinen Gang und seine Bewegungen so oft trainiert hat, dass er sie wahrhaft im Schlaf beherrscht. »Ah«, ruft er während seiner Szene überrascht, »da liegt ja ein Ball«, geht hinüber und hebt ihn auf. Das Problem dabei ist dann: Er hat ihn nicht wirklich entdeckt, denn er weiß ja aus siebenhundertzweiundvierzig Proben, dass an dieser Stelle der Ball liegt, wenn der Requisiteur nicht versagt. Die sicher nicht leichte Aufgabe des Darstellers besteht nun darin, den Ball wirklich jedes Mal neu zu entdecken, das heißt, beim Herumstreifen der Augen plötzlich den Ball zu sehen, so als sähe er ihn zum ersten Mal, und dann erst überrascht zu sein. Dahinter verbirgt sich eine ganz einfache Regel aus der Realität: Jede Bewegung hat eine Motivation, es gibt einen Grund, warum ich sie ausführe. Daher muss sich ein Darsteller bei den ersten Proben bei jeder Geste, jedem Gang und jeder Mimik fragen: »Warum mache ich das jetzt? Was hat mich dazu veranlasst? Und was will ich damit erreichen?« Und er muss diese Fragen auch noch bei der neunten Aufführung in sich spüren.

Gerade beim Erarbeiten von szenischen Elementen sollte die Frage nach dem Warum im Vordergrund stehen. Es geht ja nicht nur darum, dass es mal wieder Zeit für den Schauspieler wäre, eine Bewegung zu machen, damit er nicht mit der Schrankwand verwechselt wird, sondern jede Geste braucht eine überzeugende Begründung. Meist finden sich Anregungen im Text selbst, manchmal muss man aber wirklich intensiv mit der Gedankenwelt der Figur vertraut sein, um zu verstehen, warum sie sich gerade so und nicht anders verhält. Warum geht der russische Graf nun zum Schreibtisch? Wenn mir nichts einfällt, ich ihn aber aus szenischen Gründen gerne dort haben möchte, dann muss ich ihm eben einen Briefbeschwerer besorgen, den er aus alter Gewohnheit in die Hand nehmen kann, oder eine Zigarette, die dort liegt. Nebenbei: In den meisten Fällen ergeben sich die besten und überzeugendsten Requisiten eines Stückes bei der Frage nach den Motivationen für die Bewegungen.

In einer guten Theaterinszenierung überzeugen Gang und Gestik deshalb, weil sie begründet sind, in einer schlechten Aufführung frage ich mich andauernd, warum jetzt gerade diese unverständliche Kopfdrehung kam oder warum der Held die ganze Zeit sinnlos hin- und hergeht. Für den einzelnen Schauspieler gehört zur Erarbeitung einer Rolle aus diesem Grund immer ein Verständnis für die Hintergründe seiner Darstellung. Ist der überarbeitete Familienvater ein hypernervöser Mensch, dann lassen sich eben ganz andere Bewegungen begründen, als wäre er ein zum Bauchansatz neigender Gemütsmensch. Der Zuschauer muss die Gewissheit bekommen, dass der Darsteller in dieser Situation nur genau so und nicht anders handeln konnte und dass ihm die Notwendigkeit seiner Bewegungen in diesem Augenblick erst bewusst wird.

7. Gebot: »Abstimmung«

Sich in eine fremde Rolle, in einen fremden Charakter hineinzudenken, ist nicht nur eine große Herausforderung, es hängt auch von verschiedenen äußeren Kriterien ab. Je bewusster ich mir dieser Elemente bin, desto überzeugender werde ich auch spielen können.

a) Mitspieler

Quasimodo, der Glöckner von *Notre Dame*, wirft Steinquader auf seine vermeintlichen Feinde, die schöne Esmeralda aber umsorgt er liebevoll und sanft. Er ist hasserfüllt und behutsam zugleich – in seinem Rasen aber bleibt auch die milde Seite präsent, so wie er als zärtlicher Liebender seine rauhe Seite nicht verbergen kann. Dieses Mit- und Gegeneinander von Emotionen und Verhaltensweisen hängt im Wesentlichen von den übrigen Rollen, also den Mitspielerinnen und Mitspielern, ab. Man kann nicht sagen: So ist Quasimodo. Er ist der eine, wenn es um Streit, der andere, wenn es um Liebe geht. Zur Vorbereitung einer Rolle sollte daher immer ein Klärungsprozess gehören, in dem ich mir bewusst werde, welche Beziehungen ich zu den verschiedenen Personen des Stückes habe und wie diese mein Verhalten beeinflussen. Welche Figur löst in mir welche Gefühle aus? Was fürchte und was erhoffe ich mir bei einer Begegnung? Welche Vorgeschichte habe ich mit der anderen Person und wie könnte es in der Beziehung weitergehen?

Natürlich gehört zu dieser Abstimmung meiner Rolle auch eine Auseinandersetzung mit den Umgebungen, in die sie geraten wird. Der raubeinige Mann, der zu Hause Frau und Kinder herumkommandiert, wird vielleicht ganz kleinlaut, wenn sein Chef vor ihm steht. Der energischen Nonne verschlägt es wahrscheinlich die Sprache, wenn sie feststellt, dass sie ihren Urlaubsbungalow aus Versehen auf einem FKK-Gelände gebucht hat. Und der schüchterne Streber blüht unglaublich auf, wenn er erkennt, dass er mit seiner Hawaii-Gitarre sogar das Herz der Liebsten betören kann. Selbst Hamlet fühlt sich am Grab des Vaters anders als am Strand Dänemarks oder in seinem Zimmer. Je genauer der Einfluss einer bestimmten Kulisse auf eine Rolle erkannt wird, desto überzeugender wird der Darsteller sie auch in dem vorgegebenen Rahmen spielen können.

b) Innere und äußere Entwicklung der Rolle

Theaterstücke, die den Zuschauer berühren, zeichnen sich oft dadurch aus, dass ihre Heldinnen und Helden nicht die gleichen bleiben, sondern sich im Laufe des Stückes verändern. Ein Paradebeispiel dafür ist sicher die Eliza aus *My fair Lady*. Sie verwandelt sich von der naiv-frechen und zugleich gehemmten Straßenverkäuferin zuerst in eine dressierte, unsichere menschliche Puppe, die alle äußeren Formen der Gesellschaft beherrschen möchte, und dann in eine wirkliche Dame, bei der Rolle und Charakter in Einklang sind. Aber auch in einem weniger vielschichtigen Drama sollte man den Darstellern abspüren, dass die Ereignisse, mit denen sie zu tun haben, nicht spurlos an ihnen vorübergehen. Schon ein Familienkrach hinterlässt die pubertierende Tochter anders, als sie in die Szene hineingegangen ist. Diese Veränderungen als Schauspieler auszudrücken, ist die Kür, das heißt, zeigen zu können, dass man in den zwei Stunden auf der Bühne eine Entwicklung durchlebt hat, die der Zuschauer nachvollziehen kann.

Dabei sollte man zwischen innerer und äußerer Entwicklung unterscheiden: Jede Person entwickelt sich in ihren Gefühlen, Hoffnungen und Idealen; sie verändert sich aber auch in ihren Bewegungen und anderen Äußerlichkeiten. Manchmal sind es reine Äußerlichkeiten, die das Verhalten eines Darstellers bestimmen. Wenn sich der Hippie George Burger in dem Musical *Hair* die Haare, die für ihn Symbol seiner Unabhängigkeit sind, schneiden lässt, um seinen Freund für einen Tag in der Kaserne zu vertreten, dann gehen die beiden Sphären perfekt ineinander über. Die Abstimmung mit der eigenen Figur und ihren Fort- und Rückschritten gibt dem Schauspieler dann auch die Gewissheit, einen lebendigen Menschen und nicht einen hohlen Typus zu spielen.

c) Eigene Persönlichkeit

Immer wieder wird ein Schauspieler spüren, dass er sich mit Charakterzügen seiner Rolle nicht anfreunden kann, dass es zu einem Widerstreit zwischen der Figur und seiner eigenen Wahrnehmung der Welt kommt. Obwohl er dann der eigenen Persönlichkeitsentwicklung am allernächsten ist, weigert sich irgendetwas in ihm, sich beispielsweise so depressiv oder aggressiv zu geben, wie es das Manuskript vorschreibt. Oder aber er entdeckt, dass er sich so sehr in die Gefühle der Figur hineindenken kann, dass er nicht seine Rolle, sondern sich selber spielt. Sieht man einmal davon ab, dass ein Darsteller dabei tatsächlich an seine Grenzen kommen kann, ist es in diesem Fall wichtig, dass er sich darüber klar wird, wo die Grenzen zwischen dem Theater und seiner eigenen Persönlichkeit liegen. Also nicht einfach fragen: »Wie würde ich dieses Gefühl er- und ausleben?«, sondern: »Wie äußert sich dieses Gefühl bei meiner Rolle?«

Je genauer ein Darsteller seine Rolle mit den verschiedensten äußeren und inneren Gegebenheiten abstimmt (Mitspieler, Rolle, Persönlichkeit, Wünsche des Regisseurs, äußere Vorgaben durch Bühne, Maske und Requisite, Belastbarkeit oder Verständnisfähigkeit des Publikums usw.), desto größer ist die Chance, dass die Zuschauer darin die Menschen erblicken, die ihre eigenen Ängste und Hoffnungen wiedergeben und ihnen ihre unterbewussten Fragen deutlich vor Augen führen können.

8. Gebot: »Unterordnung«

Der Grundauftrag eines Schauspielers ist die überzeugende Aufführung eines Theaterstückes – mit all den darin vorkommenden Beziehungen, Konflikten, Fragen, Anworten, Träumen und Enttäuschungen. Und dieser Auftrag steht über dem Wunsch, die zugeteilte Rolle möglichst authentisch und geschlossen auf die Bühne zu bringen. Denn eine Geschichte lebt nicht von einer Figur, sondern von der Kraft, mit der sie als Ganzes den Zuschauern eine fiktive Welt nahe bringen kann.

Eine besondere Form der Abstimmung ist daher die Unterordnung unter das Stück selbst. Ein Nebendarsteller, der seinen Acht-Sekunden-Auftritt ungebührlich ausspielt, ist genauso gefährlich für eine Aufführung wie ein Protagonist, der – um gut dazustehen – seinem Dracula einen so bissig-erotischen Charme verleiht, dass er nicht *furcht*erregend, sondern nur noch erregend ist. Es gibt perfekte Charakterdarstellungen, die nur einen einzigen Schwachpunkt haben: Sie gehören in ein anderes Stück.

Je sorgfältiger ich mich in der Abstimmung auf die Belange des Autors eingestellt habe, desto geringer ist das Risiko, dass ich an der Intention vorbeispiele. Und dennoch liest man in Theaterkritiken immer wieder, dass bestimmte Darsteller zwar gut, aber für das Stück unpassend gespielt hätten. Zu diesem Gebot gehört auch das gesunde Bewusstsein dafür, dass sich ein Schauspieler oder eine Schauspielerin nicht als Künstler selbst verkaufen, sondern ihrer Rolle dienen sollen. Wem es nur um den eigenen Applaus geht, der wird niemals in der Lage sein, überzeugend eine bescheidene Randfigur spielen zu können, deren Text und Einsatz nicht zur Selbstdarstellung geeignet sind. Die Kritik: »Der Darsteller Peter Meierbär überzeugte als Sitzkissen, der Sinn des Stückes wurde aber nicht deutlich« ist daher eigentlich für alle Beteiligten schlecht.

Vielleicht liegt das größte Erfolgserlebnis einer Theatergruppe gerade darin, dass es ihr gelingt, ein Gesamtkunstwerk zu erzeugen, das heißt, ein Stück in seiner eigentlichen Intention und doch mit einer ganz persönlichen Interpretation der Spielerinnen und Spieler aufzuführen. Diese Gemeinschaftserfahrung darf dann aber nicht von – möglicherweise exzellenten – Einzelgängern kaputtgemacht werden, die ihren persönlichen Ehrgeiz vor die Gesamtaussage stellen. Engagement und Zielstrebigkeit sind unabdingbare Voraussetzung, aber sie sollten von vorneherein auf das Gruppenziel konzentriert sein.

9. Gebot: »Kollegialität«

Ein Schauspieler, der von seinen Mitstreitern nicht die richtigen Stichworte oder Vorlagen bekommt, verzweifelt. Oft gerät alles durcheinander, weil nach dem Verlust des roten Fadens keiner der Akteure mehr weiß, mit welchem Satz er jetzt einsteigen kann. Ein Theaterstück ist eben keine Show eines Alleinunterhalters, sondern ein dichtes Gefüge von ineinander greifenden Ebenen. Wer nicht in Gedanken immer auch bei seinen Kolleginnen und Kollegen ist, der wird die eigene Rolle nicht tragend ausfüllen können, und wer kein Vertrauen in die Zuverlässigkeit des Ensembles hat, kann auch nicht aus vollem Herzen spielen. Darum gehört zu einer funktionierenden Gruppe eine gesunde Gemeinschaft, in der jeder professionell und liebevoll die Interessen des anderen mitbetrachet. In der Ausbildung setzen Schauspielschulen deshalb Vertrauensübungen und Übungen für ein funktionierendes Miteinander immer an den Anfang.

Schauspieler müssen vor allem:

a) sich auf den anderen verlassen können

Ich erinnere mich an eine Szene, in der ich nach einem längeren Monolog laut rufen musste: »Und jetzt lasst uns gehen!« Daraufhin sollten alle die Bühne verlassen. Leider war ich so von meinen eigenen vorhergehenden Ausführungen berührt, dass ich die fünf Wörtchen einfach vergaß. Also blieben alle stehen und keiner der Wartenden wusste, was er tun sollte, denn sie brauchten ja eine Motivation für ihr Handeln. Nach meinem Gefühl dauerte diese Unterbrechung eine kleine Ewigkeit, und da ich mich nicht schuldig fühlte, warf ich den Mitspielern schon drohend fragende Blicke zu. Schließlich rief einer: »Wann sollen wir denn gehen?«, ohne damit aus seiner Rolle zu fallen, und endlich wusste ich wieder, was ich vergessen hatte. Ein fehlender Satz, eine unterlassene Bewegung oder ein vergessenes Requisit (ich sah einmal, wie ein eifersüchtiger Liebhaber auf der Bühne dramatisch den Dolch aus dem Gürtel ziehen wollte und feststellen musste, dass er ihn nicht eingesteckt hatte) können alles kaputt machen, darum sollte jeder Schauspieler für die anderen mitdenken. Gerade bei dialogischen Witzen bereitet der eine oft die Pointe des anderen vor. Fehlt diese Vorlage, dann wird vielleicht aus dem Brüller nur ein schlechter Kalauer. Wenn ich als Darsteller damit rechne, dass mein Gegenüber bei einem bestimmten Stichwort seinen Spazierstock in einem Meter Höhe durch die Luft sausen lässt und ich mich ducken muss, ist es äußerst sinnvoll, wenn der andere sich an das Stichwort hält, weil er mich andernfalls umsäbelt. Jeder muss sich auf jeden verlassen können, im Notfall auch auf die Improvisationsgabe des anderen.

b) dem anderen Raum geben

Nichts ist schlimmer als ein Darsteller, der seine Mitspieler an den Rand drängen will. Ein guter Schauspieler weiß nicht nur, wann die Kollegin oder der Kollege einen großen Auftritt hat, den er nicht durch falsches Nachvornedrängen schmälern darf, er wird darüber hinaus die Rollen der anderen aktiv unterstützen, indem er ihnen Raum gibt, sich zu entfalten. Da es immer verlockender und wirksamer ist, einen Mephisto zu spielen, benötigt Dr. Faustus Nischen, in denen er seinen Charakter ausspielen kann. Wer sich länger mit Theaterspielen beschäftigt, entdeckt, wie sehr jeder Charakter gewinnt, wenn er in der vielseitigen Palette eines Ensembles gerade die Beziehungen zu den anderen in den Vordergrund stellen kann.

Das gemeinsame Erarbeiten einer Inszenierung erfordert von allen Beteiligten viel. Da aber, wo die Kollegialität funktioniert, wächst jeder über sich hinaus.

10. Gebot: »Feedback«

Das Entscheidende beim Schauspielen ist, dass der Darsteller oft gar nicht hundertprozentig beurteilen kann, wie etwas wirkt, was er spielt. Darum findet der eigentliche Entwicklungsprozess dort statt, wo gute Kolleginnen und Kollegen Kritik üben. Liebevoll, aber bestimmt. Wenn das gelingt, dann sieht sich der Akteur plötzlich mit den Augen der anderen, beginnt, seine eigenen Stärken und Schwächen wahrzunehmen und an ihnen zu arbeiten. Allein, wenn es gelänge, in einem Team eine produktive »Feedback«-Struktur zu entwickeln, hätte es sich der Unterricht schon gelohnt, denn die Fähigkeit, konstruktive Kritik zu üben, kann man immer gebrauchen. Im Grunde sollte bei einer Probe nach jeder Szene und nach jeder Übung eine Rückmeldung der Gruppe erfolgen.

Wer schon einmal den Versuch gemacht hat, einem anderen die Meinung zu sagen, um ihn zu fördern, der hat sicher auch festgestellt, wie ungeheuer schwer es ist. Darum gibt es für die Rückmeldungen klare Gesetze:

a) Der Beobachter spielt nicht mit.

Wer selbst auf der Bühne steht und auf seine Rolle achtet, ist viel zu sehr in das Geschehen verstrickt, als dass er in der Lage wäre, seine Mitspieler neutral zu begutachten. Außerdem befindet er sich in der gleichen Lage wie derjenige, den er kritisiert, was zwangsläufig zu Problemen und Rivalitäten führt. Vor allem aber kann jemand, der selbst agiert, überhaupt nicht beurteilen, wie die Darstellung im Zuschauerraum wirkt. Darum sollte ein Kritiker immer in der Position der Besucher sitzen und aus dieser Perspektive beschreiben, was er sieht.

b) Der Beobachter hat immer Recht.

Da der Kritiker wiedergibt, wie eine Darstellung auf ihn wirkt, ist von vornherein klar, dass er seine subjektive Meinung äußert. Die aber kann nicht wahr oder falsch sein. Nichts ist sinnloser als die endlosen Diskussionen einer Schauspielerin oder eines Schauspielers mit dem Kritiker über dessen Votum: »Aber das war doch ganz anders gemeint.« Der stellvertretende Zuschauer hat die Liebesszene als melodramatisch und nicht als romantisch empfunden. Schluss und aus. Er fand die Mimik kindlich oder den Gang langatmig. Fertig. Wenn ein Beobachter wiederholt alles anders sieht als die übrigen Beobachter, muss man sich natürlich fragen, wie repräsentativ er ist, an der Bedeutung dieses Grundsatzes ändert das aber nichts.

c) Der Beobachter sagt, was er gesehen hat, ohne zu werten.

Es geht bei den Rückmeldungen nicht um die Kategorien »gut« oder »schlecht«. Wenn ein Darsteller einen eifersüchtigen Ehemann spielen wollte und die Rückmeldung erhält, er wirke ganz wie ein ostgermanischer Tattergreis, dann weiß er selbst, dass er sein Ziel nicht erreicht hat. Darum gilt die Grundregel: nicht urteilen, sondern beschreiben. Nicht: »Die Handbewegung beim Kassieren war sehr überzeugend«, sondern: »Die Bewegung beim Kassieren war für mich klar erkennbar, kraftvoll, sehr elegant und ein wenig habgierig«. Nicht: »So sieht doch kein Kommissar aus«, sondern: »Der Typ, den ich in deinem Spiel gesehen habe, war etwas unkonzentriert, fast bäuerlich«. Nicht: »Was sollte denn diese komische Geste?«, sondern: »Deine letzte Bewegung konnte ich nicht zuordnen«. Bewertungen helfen dem Spieler nicht weiter, sie treffen ihn höchstens; Beobachtungen dagegen können eine angeregte Diskussion herbeiführen – nicht über die Begabung des Darstellers, sondern über die Kennzeichen einer bestimmten Rolle oder eines Gefühls.

Einen nichtwertenden Satz über die Leistungen eines Schauspielers zu formulieren, entpuppt sich als eine der schwersten Aufgaben überhaupt. Vielleicht liegt es daran, dass wir es nicht mehr gewohnt sind, über andere Menschen zu reden, ohne sie zu kritisieren; geschweige denn, sie zu loben. Als Übung für ein erfolgreiches Miteinander sollte ein Theaterteam ruhig mehrere Proben darauf verwenden, diese Fähigkeit zu entwickeln – und es wird sich anfangs sehr schwer tun. Wenn es aber gelingt, dann helfen sich die Mitglieder nicht nur in der Entwicklung als Künstler, sie nehmen auch etwas für den Alltag mit.

d) Der Beobachter beschreibt das Gesehene in drei Schritten.

Nachdem der Kritiker aus seiner Sicht die Darstellung wiedergegeben hat, kann er natürlich auch das Recht bekommen, Anregungen zu geben und seine Empfindungen auszudrücken. Aber auch dabei sollte er beachten, dass er nicht wertet oder belehrt. Es geht weiterhin um seine subjektive Empfindung. Auf »Das habe ich gesehen« sollte also folgen »Das hat mir gut gefallen« und »In diesem Bereich wünsche ich mir folgende Entwicklung«. Beide Kommentare kann man positiv und so formulieren, dass der Begutachtete merkt, dass es um seine künstlerische Entwicklung und nicht um Wertungen geht. Die vernichtendste und zugleich sympathischste Form, die mir in der eigenen Theaterarbeit bisher begegnet ist, lautete: »Das war ja wirklich schon sehr schön. Jetzt bitte noch einmal – diesmal mit Talent.«

Diese Gebote sind (wie die 10 Gebote der Bibel) nicht eigentlich Verbote sündiger Aktivitäten, sondern Erfahrungswerte, die sich für einen auf das Stück, seine Rolle und das Publikum ausgerichteten Schauspieler, der gerne mit seiner Darstellung die Menschen erreichen will, als unumgänglich erweisen. Sie sind das Handwerkszeug, mit dem jede Kunst beginnt. Einem Anfänger aber helfen sie ungemein, erst einmal eine Grundsicherheit auf der Bühne zu erreichen, seine Unerfahrenheit zu überspielen und tatsächlich das auszudrücken, was er mit seiner Rolle verbindet. Einen Profi erinnern sie immer wieder daran, dass jede künstlerische Freiheit ihre Grenzen findet, wenn sie die Anschaulichkeit, die Relevanz, die Zuschauer oder den Sinn des Ganzen vergisst.

Für die Arbeit in den Gruppen empfiehlt es sich auf jeden Fall, bei szenischen Proben diese »10 Gebote« vor Augen zu haben und sie irgendwann so zu internalisieren, dass sie zu Selbstverständlichkeiten werden. Wer bei der Vorbereitung einer Aufführung alle Gebote beachtet und auch Schauspieler hat, die sie beachten können, der kann sicher sein, dass das, was sein Stück zu sagen hat, auch bei den Zuschauern ankommt. Viel Spaß beim Ausprobieren!

Kapitel 5

Die 10 Gebote der Regie

»[…] das eigentliche Genie der Erziehung: die Beobachtung.«
Walter Benjamin

Ein Regisseur schaut zu, er sieht mit den Augen des Publikums – nicht mit denen eines einzelnen Menschen, sondern aus möglichst vielen Blickwinkeln. Je mehr er sich dabei in die unterschiedlichsten Typen von Besuchern hineindenken kann, desto leichter wird es ihm fallen, die Welt der Bühne in den Zuschauerraum zu übertragen. Wie gelingt es, die Trauer der Heldin so zu gestalten, dass jeder im Saal sie erkennt, versteht und nachvollziehen kann? Welche Gestaltungselemente benötigt man, um Angst spürbar zu machen? Welchen Eindruck vermittelt die seltsame Atmosphäre eines Zirkus', bei dessen Darstellung grelles Flutlicht und Dunkelheit verwendet wird, um das emotionale Wanken der beteiligten Personen darzustellen? Der Regisseur gestaltet die Welt, in der die Schauspieler leben, so, dass sie bei den Zuschauern lebendig wird. Deshalb ist er das Bindeglied zwischen Bühne und Besuchern.

Natürlich darf und soll ein Regisseur immer auch eigene Akzente setzen und ein Theaterstück durch seine Arbeit prägen. Wer einmal ein und dasselbe Stück in verschiedenen Inszenierungen gesehen hat, der weiß, wie groß die Einflussmöglichkeiten der Regie sind – und der versteht auch, warum das Theater eine andere Sprache spricht als das geschriebene Wort. Ein harmloser Satz wie: »So geht das!« kann in den verschiedensten Bedeutungen erklingen und jedesmal etwas ganz anderes meinen, es kommt eben darauf an, wie man ihn spricht: mahnend, belehrend, sorgenvoll, freundlich, liebevoll, herrisch, fragend, begeistert, überrascht, hoffnungsfroh, lachend, deprimiert oder vielleicht anzüglich bzw. auszüglich. (Dieses Beispiel eignet sich auch gut als Übung.) Der Regisseur kleidet die Worte ein, lässt sie in bestimmter

Weise aufblühen und gibt ihnen dadurch ihre Wirkung in einem Gesamtzusammenhang. Natürlich ist auch das Gestalten der Rollen im Kontext des Stückes seine Aufgabe. Soll der Opa altklug, senil, überdreht oder leidend sein? Gibt sich die Prinzessin dem Prinzen gegenüber freundlich, verführerisch, spröde oder naiv? In den meisten Fällen legt der Text eine Interpretation nah, so dass der Regisseur, wenn er das Stück nicht verfehlen will, nur an den Nuancen arbeiten kann, bisweilen aber ist es nicht möglich, dem Manuskript zu entnehmen, ob zum Beispiel der Vater autoritär oder nur unsicher ist. Dann entscheidet die Regie über die Grundaussagen der gesamten Aufführung. In den Sprechpausen aber, den Momenten, in denen einfach nur Bewegungen gestellt werden, muss der Regisseur nicht nur gestalterisch aktiv, sondern selbst kreativ werden. Und manche gut überlegte Bewegung wirkt mehr als ein langer Text.

Obwohl der Regisseur als Künstler die verlockende Möglichkeit hat, einem Theaterstück eine ganz eigene Note zu geben, ist er doch zuallererst ein Helfer. Er muss dem Publikum helfen, das Stück zu verstehen, er muss den Schauspielern helfen, ihre Rolle zur Wirkung zu bringen, er muss dem Stück helfen, seine Inhalte zu entfalten, und er muss die Gesamtorganisation im Griff haben. Das größte Kompliment aber, das ein Regisseur bekommen kann, ist, dass die Beteiligten sagen: »Du hast uns geholfen. Durch deine Hinweise fühlen wir uns in unserer Rolle wohl und können sie überzeugend darbieten. Was wir allein nicht geschafft haben, hast du uns ermöglicht, was wir allein nicht interpretieren konnten, hast du uns verständlich gemacht!« Aus diesem Grund sollte die Arbeit immer auf einer Vertrauensbasis funktionieren. Wer als Leiter einer Inszenierung seinen Mitarbeitern interpretatorische Dinge aufzwingen muss, wird niemals erfolgreich arbeiten können. Wenn etwa der Schauspieler der Meinung ist, dass seine Handbewegung sehr wohl nach freundlichem Gruß und nicht nach verhindertem Kinnkratzen aussieht, dann erübrigt sich die Diskussion, denn er wird ohne die richtige innere Einstellung auch keine vernünftige Alternative ausprobieren wollen. Regisseur und Darsteller müssen einander vertrauen oder es wird für beide Seiten sehr schwer. Im Idealfall findet der Schauspieler durch die Kommentare des Leiters in seine Rolle hinein, entwickelt die passenden Bewegungen und versteht, wie er diesen Charakter vermitteln kann. Daher braucht ein Regisseur eigentlich keine strukturelle Autorität, sondern die *fachliche Autorität*, bei der die Beteiligten entdecken, wie sie ihre Unsicherheiten verlieren, ihre Fragen beantworten und ihre Rollen ausfüllen können.

Hier sind sie also: die 10 Gebote der Regie.

1. Gebot: »Konzentration«

Bei der praktischen Arbeit am Stück muss der Regisseur schon aus praktischen Gründen den organisatorischen Mittelpunkt bilden, alles muss sich auf ihn konzentrieren. Er ist für die Ausgestaltung der Textvorlage und für das Lebendigwerden des Gespielten verantwortlich. Natürlich kann auch der beste Leiter nur so gut sein wie seine Schauspieler; ein Team ohne Regisseur dagegen wird in den meisten Fällen große Probleme bekommen. In einer Gruppe, die sich sehr gut kennt und Kritik offen und klar aussprechen kann, ist es selbstverständlich möglich, immer alle Dinge gemeinsam zu besprechen und zu erarbeiten – also eine Form von Teamregie zu entwickeln. Aller Erfahrung nach funktioniert das aber nur in den allerwenigsten Fällen, und wenn, dann nur bei sehr eingespielten und erfahrenen Schauspielern.

Darum muss eines grundsätzlich beachtet werden: Es ist sehr schön, wenn die Schauspieler selbst möglichst viele Ideen zur Ausgestaltung einer Szene haben, es führt aber unweigerlich zum Chaos, wenn diese Anregungen nur untereinander auf der Bühne ausgetauscht werden, und der Leiter irgendwann verwundert feststellt, dass er gar nicht mehr weiß, was gespielt wird. Gerade weil der Regisseur für das Gesamtkonzept veranwortlich ist, muss er immer über alle konzeptionellen und darstellerischen Diskussionen informiert sein. Dabei gilt der Grundsatz: *Alle Tips, Interpretationsvorschläge und Kritiken der Schauspieler laufen über den Regisseur.* Er muss in alle Entscheidungen einbezogen sein. Er ist die zentrale Anlaufstelle der Inszenierung und er kann dann auch entscheiden, ob Diskussionsbedarf besteht oder nicht. Bevor drei Schauspielerinnen auf einen Kollegen einreden, sich ärgern oder unzufrieden sind, sollten sie es direkt dem Leiter sagen, denn alle noch so guten Absprachen auf der Bühne sind verlorene Zeit, wenn der Verantwortliche nicht informiert wird. Bisweilen kann es dann natürlich auch notwendig werden, sich vor einer Probe erst einmal zusammen zu setzen, weil zwei Mitglieder des Ensembles bei einem gemeinsamen Abendessen ein bisschen über die Gestaltung ihrer Rollen nachgedacht haben – solange der Regisseur die Vorschläge überblicken und in sein Gesamtkonzept einplanen kann, wird die Teamarbeit immer funktionieren.

2. Gebot: »Probendisziplin«

Theaterspielen macht oft zu viel Spaß. Wenn der Bösewicht sich zum fünften Mal verspricht oder der Hauptdarsteller aus Versehen wieder einmal von der Bühne fällt, herrscht eine wunderschöne Heiterkeit, die bisweilen jedoch das Proben sehr erschwert. Darum gehört es zu einer der Hauptaufgaben des Regisseurs, dafür zu sorgen, dass wirklich produktiv gearbeitet werden kann. Lachen, Langeweile bei Spielpausen der Darsteller kleinerer Rollen, Verzögerungen bei der Einübung schwieriger Bewegungen, Unstimmigkeiten über die Interpretation einer Figur und viele andere Dinge können bei aller Wichtigkeit, die sie ab und an haben, die Probenzeit so verlängern, dass Unruhe entsteht. Natürlich ist es am schönsten, sich die Wartezeit mit Witzen zu vertreiben. Spaß muss sein, aber nicht so, dass die eigentliche Freude, nämlich die erfolgreiche Gestaltung einer Aufführung, zu platzen droht. Der Leiter muss deshalb immer das eigentliche Ziel, nämlich die Erarbeitung des Theaterstücks, im Kopf haben und andere Dinge ihm unterordnen.

Gerade wenn der Regisseur mit einer Schauspielerin oder einem Schauspieler intensiv an der Rolle arbeitet, fangen die Kolleginnen und Kollegen sehr schnell an, kleine Nebengespräche zu führen. Wer in dieser Atmosphäre nicht seine Stimme verlieren und in den Klub der Heiseren eintreten will, der sollte als Teamleiter von Anfang an darauf achten, dass nicht unnötig geredet wird. Das mag hart klingen, verbessert die Probengeschwindigkeit aber so ungemein, dass man im Anschluss noch Stunden Zeit hat, um über Gott und die Welt zu reden.

Das größere Problem junger Theatergruppen sind aber oft die Zuverlässigkeit und die Pünklichkeit der Schauspieler. Wer regelmäßig eine halbe Stunde zu spät zu den Proben erscheint, obwohl er eine tragende Rolle spielt, der ist dafür verantwortlich, dass alle anderen warten müssen. Nur in den wenigsten Fällen kann die Gruppe schon mit einer anderen Szene oder einem Monolog beginnen. Wer gar eine vollständige Probe versäumt, bremst die ganze Arbeit. Deshalb muss sich der Regisseur auf die Künstler verlassen können. Bei größeren

Stücken ist es aus diesem Grund sehr sinnvoll, wenn der Leiter genaue Probenpläne macht, in denen die jeweiligen Szenen, Bilder oder Stellen aufgezählt sind, die zu einem bestimmten Termin geprobt werden sollen, so dass jeder weiß, wann er gebraucht wird, und niemand unbeschäftigt am Bühnenrand sitzt. Dabei sollte es aber nicht passieren, dass die Darsteller kleiner Nebenrollen erst bei den Hauptproben (siehe »Vom Stück zur Aufführung«) mitbekommen, wovon das Stück eigentlich handelt, weil sie außer der einen lustigen Jahrmarktszene, in der sie das Popcorn spielen, noch gar nichts gesehen haben.

3. Gebot: »Gesamtkonzeption«

Die vielleicht wichtigste Aufgabe des Regisseurs ist das Entwickeln einer passenden und umsetzbaren Vision für sein Team. Jeder Teilnehmer der Gruppe sollte wissen, warum und wofür er auf der Bühne steht. Auch wenn eine Gruppe sehr von der konkreten Arbeit an einem Manuskript zusammengeschweißt wird, bekommt sie eine gesunde Gemeinschaft erst durch eine ausgearbeitete Konzeption, durch ein Ziel, das über das Tagesgeschäft hinausgeht. Dazu gehört zum Beispiel auf einer ganz banalen Ebene das Suchen nach einem Namen für die Truppe. Oft wird dabei nämlich ein inhaltlicher Prozess ausgelöst, der viel dazu beiträgt, dass dieses gewisse Etwas entsteht, durch das sich eine begeisternde Gruppe von einem Individualistenhaufen unterscheidet. Denn schließlich werden mit der Wahl dieses oder jenes Namens auch Weichen für die Richtung der Arbeit gestellt. Dass viele Menschen einfach mit Lust am Spielen zu den Proben kommen und loslegen, ist zwar an sich nicht schlecht, wenn die Theatergruppe aber längerfristig zusammenwachsen will, muss sie wissen, welchen Kurs sie einschlägt. Nichts ist trauriger als die Auflösung eines vielversprechenden Teams, weil die eine Hälfte mit den Theaterstücken missionieren möchte, während die andere Hälfte eher Unterhaltungsshows im neuen Bürgerhaus anstrebt. Oder wenn zwei Mitglieder ausschließlich Volkstheater mit heiteren Komödien lieben, während der Rest von avantgardistischen Symbolfragmenten auf der Bühne träumt, in denen sich nackte Schauspieler mit in Fango verpackten Fernsehern bewerfen und dabei »Die Seele ist der Müllschlucker des Universums« rufen. Je bewusster sich die Teammitglieder über Ziel und Weg sind, desto erfolgreicher werden sie arbeiten.

Der Regisseur muss dabei in der Lage sein, die Chancen, Möglichkeiten und Grenzen der einzelnen Schauspielerinnen und Schauspieler genauso zu bedenken wie die unterschiedlichen Interessen. Das gilt nicht nur für die Gesamtkonzeption, sondern auch für die Arbeit an einzelnen Bühnenwerken. Welches Stück können wir mit den vorhandenen Begabungen und Mitteln so auf die Bühne bringen, dass es anfängt zu leben? Was werden die einzelnen Schauspielerinnen und Schauspieler dabei lernen? Welche Grenzen werden sie dabei überschreiten? Wo kann ein Darsteller herausgefordert werden und wo muss ich mich mit den vorgegebenen Möglichkeiten zufrieden geben? Je sorgfältiger das Konzept ausgearbeitet ist und je klarer die Ziele der Arbeit vermittelt werden können, desto besser lassen sich dann auch private Eifersüchteleien oder Selbstdarstellungstendenzen der einzelnen Akteure vermeiden. Wenn alle wissen, welcher Sache sie dienen, können sie in der Regel hervorragend zusammenarbeiten. Das bedeutet jedoch gerade nicht, dass es zu einer dogmatischen Festlegung von Inhalten kommen sollte, denn die ist immer kontraproduktiv, sondern es heißt, dass die Mitglieder bei aller Flexibilität wissen, wohin ihr Weg führen soll – bis sie gemeinsam ein neues Ziel festlegen.

Das Publikum wird sehen und spüren, ob auf der Bühne Menschen mit einer Vision spielen oder nicht. In der Hand des Regisseurs aber liegt es, die Vision am Leben zu erhalten, sie immer wieder neu zu vermitteln, sie bei allen Regieanweisungen zu berücksichtigen und auch immer wieder selbstkritisch in Frage zu stellen. Ein solcher Ansatz vermeidet nebenbei die Gefahr der Verselbständigung der Arbeit oder der schleichenden Gewohnheit. Wer weiß, was er will, und das regelmäßig überprüft, findet als Schauspieler auch den persönlichen Zugang zu seiner Rolle.

4. Gebot: »Führung«

Kaum etwas ist anfälliger für Hektik, Unsicherheit und Nervosität als eine Theaterprobe. Wer sich auf die Bühne begibt, der gibt unbewusst einiges über sich preis, stellt sich den Blicken der anderen, zeigt Gefühle, die er vielleicht privat niemals herauslassen würde, wagt den Schritt über sich hinaus und geht bisweilen in einer Form mit anderen Darstellern um, die ihm selbst Angst macht. Verschiedene soziologische

Untersuchungen haben festgestellt, dass Menschen nichts so sehr fürchten, als vor einer großen Menge stehen und reden zu müssen. Selbst die Angst vor dem Tod ist dahinter weit abgeschlagen. Aber genau dieser Herausforderung stellen sich Schauspielerinnen und Schauspieler immer wieder – bewusst und mutig. Vielleicht auch mit einer Spur von gesundem Exhibitionismus, der Form der Selbstdarstellung, die es wagt, den ungesunden Vereinzelungstendenzen in der Gesellschaft entgegenzutreten. Jede und jeder auf der Bühne ist deshalb enormen seelischen und körperlichen Belastungen ausgesetzt, die man nicht unterschätzen sollte. Wer sich mit großem Enthusiamus und Engagement in seine Rolle hineingibt, den trifft Kritik dann natürlich besonders schwer, der fühlt sich möglicherweise sogar in seiner gesamten Existenz hinterfragt, wenn er auf seine Darstellung und ihre Schwächen hin angesprochen wird. Bei all diesen emotionalen und unterbewussten Prozessen ist es kein Wunder, dass Proben im Idealfall ein harter, aber gesunder Nährboden für Tränen, Verletzungen und Lampenfieber sind.

Der Regisseur muss deshalb bei aller fachlichen Beratung immer auch ein fast seelsorgerlicher Leiter sein, der seinen Schauspielerinnen und Schauspielern Mut macht, sie motiviert, ihnen hilft, Ängste abzubauen und Sicherheit zu bekommen und in der Rolle ein Zuhause zu finden. Er sollte jedem Darsteller und jeder Darstellerin individuell zeigen, wie sie als Künstler wachsen können. Anfangs helfen bei Unsicherheiten vor allem die Vertrautheit mit der Rolle, das langsame Steigern der Anforderungen (etwa in Bezug auf Textlänge, Bedeutung der Rolle, Schwierigkeitsgrad des Charakters, Fremdheit des Charakters, Genauigkeit der Rollenvorgaben und szenischen Elemente, Zusammenspiel u. v. m.), das Wahrnehmen und Aussprechen der Unsicherheiten. Hinzu kommt auch das Zeitnehmen für die noch nicht verinnerlichten Szenen, die Ruhe bei der Erarbeitung, viel Geduld und das richtige Gespür für ein gesundes Maß von Lob. Wer bei den Proben immer nur korrigiert wird, der kann kein Selbstvertrauen entwickeln, sondern erlebt sich nur als Fehlerquelle. Daher muss der Regisseur den Spielerinnen und Spielern immer auch verdeutlichen, wo und wie sie Fortschritte machen und an welcher Stelle sie überzeugen. Diese sorgfältige Arbeit benötigt viel Zeit, aber ein Darsteller, der von der eigenen Leistung an bestimmten Stellen nicht überzeugt ist, wird sie später auch auf der Bühne nur mangelhaft präsentieren. Wenn ein Part lange genug geübt wurde, kann kein Lampenfieber die Leistung schmälern.

Gegen die berüchtigten Texthänger helfen nämlich ohnehin weder Erfahrung noch Routine, mit ihnen muss man leben. Dass dagegen eine gesunde Portion Adrenalin dafür sorgen kann, dass nun auch wirklich jeder das Beste gibt, sei einmal nebenbei erwähnt.

5. Gebot: »Erarbeitung«

Bevor die Proben beginnen, muss der Regisseur das Manuskript zu *seinem* Stück machen, muss er ein eindeutiges Verständnis der inneren Zusammenhänge, Ideale und Aussagen für sich selbst formulieren und erklären können. Weil der Reiz einer Geschichte darin liegt, dass sie subjektiv ist und deshalb als Erfahrung überzeugend dargeboten werden kann, muss der Regisseur eben selbst seine Erfahrungen damit machen – möglicherweise mit der Erkenntnis, dass dieses oder jenes Stück nichts für ihn ist, weil es mit seiner Welt nichts zu tun hat. Die persönlichen Aha-Erlebnisse aber, die er beim Lesen eines geeigneten Stückes hat, die ihn berührenden Fragen, die Antworten, die er plötzlich bekommt, und die Elemente, in denen er ein Gleichnis für das Leben entdeckt, sollte er den Zuschauern weitergeben. Für jemanden, der viel mit der Welt des Theaters und der Inszenierungen zu tun hat, ist das gar nicht so schwer, denn er liest ein Manuskript bereits so, als sähe er ein fertiges Stück. In seinem Kopf entstehen die Bilder, Gesten, Gesichtsausdrücke oder Gänge, während er mit den Augen die Zeilen entlang geht. Ein frisch gebackener Regisseur dagegen wird sicher etwas länger brauchen, bis er dem Kern eines Textes so nahe kommt, dass er eine Vorstellung von der kreativen Umsetzung des Stückes erhält.

Nach einem ersten Durchlesen, in dem man sich mit dem Wahrnehmen der inhaltlichen Bögen beschäftigen sollte, empfiehlt es sich daher, das Manuskript noch einmal Satz für Satz durchzugehen und sich spontane Ideen für die Regie aufzuschreiben. Welche Bewegung passt zu diesem Ausruf? Welches Gefühl herrscht an welcher Stelle vor? Warum handeln die Personen so, wie sie handeln? Worauf reagieren sie? Wann und warum verändern sie ihr Verhalten? Welche Motivation wird von den Zuschauern nachvollzogen werden können? Während dieses *Brainstormings* kristallisieren sich für den Regisseur die für ihn entscheidenen Interpretationspunkte meist schon sehr gut heraus. Sie müssen jetzt zu einem Gesamtverständnis zusammengefasst werden. Folgende Beispielfragen können dabei helfen:

a) Was sind (für mich) die Grundaussagen des Stückes?
b) Welche davon will ich in den Mittelpunkt meiner Inszenierung stellen?
c) Welche Lebensbereiche werden davon wie berührt?
d) Welche Motive tauchen immer wieder im Stück auf?
e) Wie müssen bezüglich dieses Inhaltes die Rollen gestaltet werden?
f) Welches Bühnenbild unterstützt die Aussagen am deutlichsten?
g) Welche Requisiten können auf der nonverbalen Ebene wirken?
h) Wie kann ich mit Beleuchtung oder Ton Atmosphären erzeugen?
i) Wie kann ich den Darstellern die Inhalte vermitteln?
j) Wie kann ich sie den Zuschauern am besten vermitteln?
k) Welche Gestaltungsformen machen die Sprache verständlich?
l) Welche Effekte rütteln den Zuschauer auf?

Erst, wenn dieser Prozess stattgefunden hat, empfiehlt es sich, die einzelnen Rollen zu besetzen. Die Charaktere des Stückes haben Gestalt angenommen, die darstellerischen Möglichkeiten und Herausforderungen sind klar geworden und der Zeitaufwand für Proben und Textstudium ist bekannt. Natürlich muss ein Regisseur immer Kompromisse eingehen, wenn er nur wenige Schauspielerinnen und Schauspieler hat, von denen einige möglicherweise sogar auf bestimmte Rollen festgelegt sind. Es ist eben schwer, einen fünfzigjährigen Übergewichtler den jugendlichen Herkules spielen zu lassen, wenn man nicht gerade eine Schmierenkomödie plant. Grundsätzlich sollten aber die persönlichen Vorlieben und Fähigkeiten des Teams in den Mittelpunkt gestellt werden. Solange der Regisseur bei der Auswahl der Darsteller das letzte Wort hat, kann jede Diskussion über die geeignetste Auswahl nur anregend sein. Schwierig wird es natürlich, wenn einzelne Teammitglieder niemals vorgeschlagen werden und auch vom Leiter eigentlich nur ungern eingesetzt werden, weil sie auf der Bühne nicht überzeugen. Dann gehört es auch zur Aufgabe des Regisseurs, einen solchen Menschen liebevoll, aber deutlich auf die Probleme aufmerksam zu machen, ihn zu schulen oder – wenn es nicht anders geht – eben nicht einzusetzen.

6. Gebot: »Stellen«

Aus der Theorie wird hoffentlich bald auch Praxis: Der Regisseur hat das Stück durchdacht, jetzt müssen die Ideen auf der Bühne konkret umgesetzt werden. Satz für Satz, Szene für Szene entsteht aus den Buchstaben ein Stück Leben, denn jedes Wort des Textes fängt mit Hilfe der darstellerischen Mittel an, seine Kraft zu entfalten. Auf- und Abgänge, Bühnenpositionen, Sprachfeinheiten, Emotionen, Gesten, mimische Variationen und die vielen Spielmöglichkeiten des Körpers werden einstudiert und lassen eine neue Welt entstehen. Manchmal legt man sogar fest, was der kleine Finger an einer bestimmten Stelle zu tun hat. Damit aus einem geschriebenen Stück ein Bühnenstück wird, brauchen alle Beteiligten große Vorstellungskraft, denn es ist nicht leicht, einer Szene nachvollziehbare Existenz einzuhauchen. Der Regisseur muss dafür sorgen, dass dieser Transfer funktioniert. Je erfahrener und einfühlsamer die Schauspieler sind, desto mehr werden sie ihrerseits Vorschläge für die Umsetzung des Manuskriptes anbieten, das Zusammenfügen der verschiedenen Rollen und – wenn nötig – auch das Ausdenken passender Gänge und Gesten liegt aber grundsätzlich beim Leiter der Gruppe.

Meistens ist dieser Teil der Arbeit der kreativste von allen, denn jeder Satz kann ja auf unendlich viele Weisen umgesetzt werden. Da ist zum Beispiel im Manuskript ein Ehemann, der zu seiner Frau sagt: »Wie es wohl Petra geht?« Wir erfahren im Text nur, dass Petra die Tochter des Paares ist, sie spielt selbst nicht mit und kommt auch sonst nicht weiter vor. Dennoch muss im Satz des Vaters deutlich werden, welche Beziehung er zu ihr hatte oder hat und welche Beziehung er zu seiner Frau hat. Je nachdem nun, ob er wütend, ängstlich oder neugierig fragt, ob er seine Tochter vermisst, hasst oder beneidet, ob er seine Frau liebt, erträgt oder kaum noch kennt, gibt es die unterschiedlichsten Möglichkeiten, einem solchen Satz Konturen zu verleihen. Die Entscheidung darüber hängt von der Gesamtinterpretation des Stückes und von der Fantasie der Darsteller ab. Also muss sich der Regisseur entscheiden: Steht der Vater gedankenverloren vor dem Spiegel, dreht er sich bei der Frage um, kratzt er sich nachdenklich am Kinn, sieht er möglicherweise einen Gegenstand, der früher Petra gehörte, nimmt er ihr Foto vom Klavier, schaut er frustriert, streichelt seine Hand unbewusst über die Stuhllehne, geht sein Blick in die Ferne oder zu ihrem letzten Brief? Oder macht er nach dem Satz einige Schritte auf seine Frau zu, um sie zu trösten, ihre Wut zu begrenzen oder sie stellvertretend in die Arme zu nehmen, hebt er herausfordernd das Kinn, schnaubt er herablassend durch die Nase oder legt er melancholisch seinen Kopf gegen den Türrahmen, schaltet er das Licht an, um das innere Bild zu verdrängen, oder schaltet er es aus, um nicht von der Wirklichkeit abgelenkt zu werden, geht er nach dem Satz heiterer oder beschwerter davon und wohin? Bei einem gut durchdachten Manuskript kommen die richtigen Ideen für die Darstellung der einzelnen Szenen von alleine und wirken dann auch natürlich, überzeugend und anregend.

Bei den ersten Stellproben sollte es selbstverständlich sein, dass sich die Schauspielerinnen und Schauspieler die Inszenierungshinweise (Gänge, Gestik, Mimik, Tonfall, Lautstärke, Requisiten usw.) in ihr Manuskript eintragen. Nichts ist zeitraubender als die allzu häufigen Fragen: »Was habe ich nochmal nach diesem Satz gemacht?«, »Müsste ich jetzt nicht schon längst neben dem Rasierspiegel stehen?« oder »Irgendwann sollte ich doch das Glas in die Hand nehmen. Wann war das bloß?!« Alle diese Einzelheiten müssen nämlich genauso wie der Text auswendig gelernt werden. Das mag sich nach viel Arbeit anhören, letztlich erleichtert das Notieren der Regieanweisungen aber auch das Lernen des Textes ungemein, weil in sich schlüssige und aufeinander aufbauende Szenen mit einer inneren Logik von einem Satz zum nächsten führen.

Ein Regisseur sollte vor allem darauf achten, wie er die Textlücken füllt. Eine mit einem langen Gang über die Bühne gefüllte Pause kann mehr sagen als tausend Worte und so mancher Szenenanschluss wird dem Publikum erst verständlich, wenn es sieht, dass die Darsteller die Kleider gewechselt haben oder sich offensichtlich nun an einem anderen Ort befinden. Ein verliebtes Pärchen, das sich von den Vordersitzen seines Autos auf die Rückbank zwängt, um dort besser schmusen zu können, zeigt in seinem umständlichen Klettern die ganze Beengtheit und Problematik seiner Situation, während es vielleicht gleichzeitig seine Sehnsüchte ausspricht, ohne ein Wort zu sagen. An der Art, wie ein Butler auf die Bitte nach dem Sekt reagiert, kann alles über das

Verhältnis zu seinem Herrn deutlich werden, ohne dass er einen Satz gesagt hätte. Darum ist es die Aufgabe des Regisseurs, das »Skelett« des Manuskripts mit »Fleisch« zu füllen.

7. Gebot: »Spiegeln«

Eigentlich sollte jeder Darsteller die zehn Gebote des Schauspielens so verinnerlicht haben, dass er auf ihre Einhaltung nicht mehr hingewiesen werden muss. Leider sieht es aber in der Realität anders aus – weniger, weil das Team unwillig wäre, sondern weil die Verbindung von authentischem Spiel und Publikumsorientierung immer wieder zu Konflikten führt. Die Probleme aber erkennt nur der Zuschauer in den Bankreihen, nicht der Akteur. Gerade wenn es um Übertreibungen, unpassende Gesten, unnatürliche Sprache und Darstellung, Klischees, mangelnde Präsenz, zu geringe Überzeugungskraft oder die nicht vorhandene Motivation für eine Bewegung geht, fehlt auf der Bühne die nötige Distanz. Was in der Kulisse wie ein Sturm wirkt, kommt bei den Zuschauern vielleicht wie ein sanftes Säuseln an, und was zärtlich sein soll, wirkt im Saal vielleicht gehemmt. Darum muss der Regisseur wie ein großer Spiegel funktionieren, der den Schauspielern hilft, sich selbst zu sehen. So kurz dieses Gebot hier formuliert ist: Beim Proben nimmt das Achten auf die Einhaltung der grundsätzlichen Schauspielgebote in der Regel die meiste Zeit in Anspruch. Eines aber darf dabei nicht vergessen werden: Viele aktive Schauspielerinnen und Schauspieler bestätigen, dass sie die eigentliche Kunst des Theaterspielens überhaupt erst bei den Inszenierungen von Stücken gelernt haben. Übungen helfen, die richtige Wahrnehmung für das Leben auf der Bühne zu bekommen, zum Künstler aber wird der Darsteller erst, wenn er konkret lernt, mit den Anregungen des Regisseurs umzugehen, selbst Ideen zu entwickeln und nach und nach in eine Rolle ganz hineinzuwachsen.

Über die Einzelbeobachtungen hinaus ist der Regisseur für das Gesamterscheinungsbild der Darsteller verantwortlich. Einen Schauspieler publikumswirksam zu platzieren, mag bisweilen noch einfach sein, wenn es jedoch darum geht, verschiedene Personen ansprechend auf einer Bühne zu präsentieren, wird es schon wesentlich komplizierter. Immer wieder kann es vorkommen, dass die mühsam erarbeiteten

Gänge und Bewegungen über den Haufen geworfen werden müssen, weil sie im Zusammenspiel mit den anderen Rollen auf einmal nicht mehr überzeugen, sich reiben oder deplatziert wirken. Der Regisseur aber ist derjenige, der von unten erkennen muss, welche Gesamtausstrahlung die miteinander agierenden Ensemblemitglieder haben. Was drückt ein Mensch in einer bestimmten Position aus (auf dem Sofa stehend, den Feind an die Wand zurückdrängend, am Boden kauernd, an der Bühnenrampe weinend oder im Hintergrund lachend), wie stellt sich sein Verhältnis zu den anderen Schauspielern dar (distanziert, zueinander oder auseinander strebend) und wie tritt er in der Gruppe auf (gehäuft, geordnet oder ungeordnet)? Das überzeugende Zusammenwirken unterschiedlicher Personen folgt dabei einer eigenen Dynamik, die ein Regieanfänger einfach kennen lernen und erproben muss. Oft gelingt es zum Beispiel mit wenig Aufwand, eine Bühne mit fünf Leuten voll oder leer erscheinen zu lassen – je nach Positionierung. Eine Fünferkette vorne wirkt massiv, eine Fünferkette hinten wird zum Bestandteil der Kulisse. Eine lose Gruppe wirkt besser als eine sich parallel bewegende und die Position auf der Bühne sagt dem Zuschauer unbewusst viel über die Bedeutung der Figur (sie ist im Mittelpunkt, am Rand, im Hintergrund, im Vordergrund). All diese kleinen Tricks muss der Regisseur immer wieder neu anspielen, auf sich wirken lassen und dann bewusst einsetzen. So erhält sein Stück Tiefe.

8. Gebot: »Gestaltung«

Weil Theaterstücke normalerweise szenenweise geprobt werden, muss der Regisseur während dieser ganzen Zeit das Gesamtstück im Kopf haben. Richtig »rund« wird eine Aufführung nämlich erst, wenn die Zuschauer die Entwicklung der Figuren und der Handlungsfäden nachvollziehen und miterleben können, wenn sie also tatsächlich Teil der Bühnengeschichte werden. Es gehört daher zur hohen Kunst der Inszenierung, Erzählprozesse in den Vordergrund zu heben, Brüche zu vermeiden und auf allen Wahrnehmungsebenen sowohl Überraschungs- als auch Wiedererkennungsmomente einzubauen. Die Gestaltung des roten Fadens gibt dem Stück nicht nur den Zusammenhang, sie hilft den Zuschauern auch, die Elemente in seinem Kopf zu ordnen. Erst der bewusste Einsatz retardierender Momente, aufeinander aufbauender

Erzählstränge und konstanter Motive macht aus losen Szenen ein Gesamtkunstwerk, ein Stück.

Wenn beispielsweise Henry Higgins, der Professor aus G. B. Shaws Stück *My fair Lady*, im letzten Satz des Stückes ruft: »Wo sind meine Pantoffeln?«, dann ist das nur witzig, weil die Zuschauer bereits gesehen haben, dass Eliza ihm die Hausschuhe einige Szenen zuvor an den Kopf geschmissen hat, um ihm die Unmöglichkeit seines Verhaltens deutlich zu machen. Sie sind also Symbol für die Rivalität zwischen den beiden Hauptpersonen geworden. Da das Manuskript die Reaktion Elizas offenlässt, liegt es hier beim Regisseur, ob er ein Happy End (das Mädchen bringt die Pantoffeln – lachend, unterwürfig oder herausfordernd), ein Bad End (sie wirft die Schuhe erneut) oder ein Open End möchte (der Vorhang fällt ohne Kommentar). Weil das Publikum die Bedeutung der Pantoffeln kennt, bringen sie ohne Worte noch einmal die ganze Dramatik der Entwicklung zum Vorschein.

Der Regisseur steht also vor der Herausforderung, sich solche Symbole, wiederkehrenden Gesten oder Emotionen einfallen zu lassen, die dem Zuschauer den großen Erzählbogen eines Stückes verdeutlichen. Lose Szenen bleiben ein unbefriedigendes Mosaik, wenn nicht das Gesamtmotiv deutlich wird. Bei der Gestaltung der Aufführung darf also nicht nur an die Umsetzung der einzelnen Akte, sondern es muss auch an den Spannungsbogen gedacht werden. Jede Szene muss im Zusammenhang mit dem Rest des Schauspiels betrachtet, umgesetzt und zur Gesamtentwicklung in Bezug gesetzt werden, so dass die Rollen und Verhaltensweisen stimmig bleiben. Ein Wutanfall im ersten Akt wegen eines verschütteten Karottensaftes darf nicht zu heftig ausfallen, wenn die gleiche Person im dritten Akt noch einmal wegen des Diebstahls seines Luxusautos in die Luft geht. Ein Greis darf nicht am Anfang zu schwächlich daherkommen, wenn im weiteren Verlauf noch sein Verfall dargestellt werden soll. Wiederkehrende Sätze, Beziehungsgeflechte, Konflikte, Träume oder Gefühle sind die beste Voraussetzung für verbindende Elemente. Manchmal empfiehlt es sich auch, einzelne Charaktere mit kleinen Ticks auszustatten (Hüsteln, Lachen, Regenschirm o. Ä.), die sich dann während des Stückes verändern oder verschwinden. Grundsätzlich gilt: Große Entwicklungen macht man am besten an Hand kleiner Details deutlich – kleine Entwicklungen macht man am besten an Hand ihrer größten Auswirkungen deutlich. Ein Mann, der langsam und lächelnd seine graue, fade Krawatte auszieht, als er erfährt, dass sein Lebenstraum nun doch in Erfüllung geht, überzeugt in der Regel mehr, als würde er vor Freude im Dreieck springen. Eine Frau, die gern neue Schuhe möchte, wirft in einer Inszenierung am besten die alten aus dem Fenster.

Wichtig ist, dass bei den Zuschauern Vertrautheit entsteht und sie die Requisiten und Kulissen selbst mit den dazugehörigen Geschichten und Personen verbinden. Das aber gelingt nur, wenn der Regisseur ihnen solche Anknüpfungspunkte liefert.

Neben der Gesamtkonzeption muss der Leiter die Lebendigkeit und die innere Dynamik des Ablaufs gestalten. Ein Stück, in dem sich kaum jemand bewegt, wird mit der Zeit genauso langweilig wie eines, in dem pausenlos ein Feuerwerk an Kostümen und Choreografien abgefeuert wird. Der Wechsel von sehr aktiven und eher ruhigen Szenen sollte so gestaltet werden, dass er den Zuschauer immer wieder neugierig auf die nächste Entwicklung macht, dass er einen Rhythmus in das Stück hineinträgt und die unterschiedlichen Nuancen des Textes zur Geltung bringt. Natürlich gilt diese Lebendigkeit auch für den inneren Aufbau einzelner Szenen. Ein in einem Akt ständig herumrennender Schauspieler steht seinem starr sitzenden Kollegen an Ausdruckskraft nichts nach – beide werden auf die Dauer langweilig. Ein gutes Timing beim Wechsel von Bewegung und Ruhe verleiht dem Stück genauso Profil wie bewusste Variationen von Hell und Dunkel, Schönheit und Hässlichkeit, Freude und Leid, Angst und Mut. Je abwechslungsreicher eine Inszenierung gestaltet ist, desto mehr erleichtert sie dem Publikum das Zuschauen.

Entscheidend ist, dass der Regisseur sowohl in der Dynamik, als auch in der Gestaltung alle Gefühls- und Darstellungsebenen in Betracht zieht. Das gilt auch für die konkreten räumlichen Bereiche der Bühne. Wenn eine Szene auf der linken Seite spielt, eine andere auf der rechten, die nächste vorne usw., dann wird der Zuschauer immer wieder aufgefordert, die Augen oder den Kopf zu bewegen, unterschiedliche Perspektiven wahrzunehmen und selbst aktiv zuzuschauen. Mit Hilfe der Kulissen und Requisiten lassen sich dabei ästhetisch höchst anspruchsvolle Bilder gestalten. Es lohnt sich daher, beim Stellen immer wieder einmal, einzelne Positionen »einzufrieren« und auf sich wirken zu lassen. Dabei wird dem Regisseur schnell deutlich, mit welchen Mitteln er arbeiten kann. Das bewusste Einsetzen von Oben und Unten wirkt zum Beispiel wesentlich stärker als ein regelmäßiger

Wechsel von Vorne und Hinten, das Spiel von großen und kleinen Dingen verleiht jedem einzelnen Requisit ein stärkeres Profil usw. Wenn aus der Bühne ein lebendiger Organismus wird, ist der Regisseur seinem Ziel sehr nah.

9. Gebot: »Phasenleitung«

Mit wachsender Übung, Textkenntnis und Verinnerlichung der Rolle verändern sich auch die Anforderungen an die Darsteller. Der Regisseur aber muss erkennen, wann er von einem Probentyp zum nächsten wechseln kann (siehe »Vom Stück zur Aufführung«), welche Schauspielerinnen und Schauspieler möglicherweise Sonderproben benötigen und welche Szenen noch immer nicht funktionieren. Die Gefahr, sich an einem Akt totzuproben, ist genauso groß wie die, den Zusammenhang der Bilder aus dem Auge zu verlieren, scheinbar einfache Szenen zu unterschätzen und dann bei der Generalprobe zu bemerken, dass der Umbau vier Minuten zu lang, der Auftritt der Schlittschuh laufenden Großmutter völlig unpassend oder der Handlungsbogen gestört ist, weil der Protagonist vier Szenen lang überhaupt nicht auftritt.

Gerade in den hektischen Zeiten vor einer Aufführung benötigt der Regisseur einen fast minutiösen Plan für die verschiedenen Proben und Hintergrundarbeiten. Darüber hinaus muss er aber von vornherein Pufferzeiten ansetzen. Manche Szene muss noch einmal verändert werden, weil Kostüme, Scheinwerfer, Requisiten oder Krankheiten neue Bedingungen schaffen. Plötzlich sagt der Tonmeister ab und es stellt sich heraus, dass der Vorhang überhaupt nicht funktioniert. Außerdem gibt es unendlich viele kleine Aufgaben, die viele Stunden und Nerven in Anspruch nehmen: Stühle stellen, Werbung, Schminke besorgen usw. Wenn diese Aufgaben nicht koordiniert werden, wird die ganze Veranstaltung mit Sicherheit ein Misserfolg.

Mit einem klaren Konzept wird es relativ leicht fallen, allen Anforderungen gerecht zu werden; gerade bei den ersten Regieversuchen sollte man aber lieber zu genau planen. Eine alte Bühnenweisheit besagt: »Ganz egal, wann man anfängt zu proben – am Ende wird es doch immer eng.« Um das Risiko in dieser Hinsicht möglichst gering zu halten, sollte ein Regisseur vor Beginn der Arbeiten genauestens überlegen, wie viel Zeit ihm für jede Phase zur Verfügung steht. Wenn er dann nach drei Wochen schon zwei Wochen hinter seinem Zeitplan ist, hat er etwas falsch gemacht. Notfalls müssen dann bereits lange vor der Aufführung Sonderproben organisiert werden, damit die Planung nicht durcheinander gerät und sich am Ende alles staut. Glücklicherweise gibt es aber noch eine zweite alte Bühnenweisheit: »Irgendwie klappt es dann doch immer!«

10. Gebot: »Feedback«

Auch ein Regisseur wird irgendwann »betriebsblind«, das heißt, er kennt so viele Hintergründe der Inszenierung, dass er gar nicht mehr beurteilen kann, ob auch ein Nichteingeweihter versteht, welche herrliche Symbolsprache das Team entwickelt hat. Darum benötigt auch er wie die Schauspieler Menschen, die ihm ihrerseits Rückmeldung zu seiner Arbeit geben und ihm sagen, wie das, was er so schön erdacht und inszeniert hat, auf sie wirkt. Viele Informationen, die Entwicklungsprozesse beim Erarbeiten der Rollen, Gedanken über das Stück und erhoffte Wirkungen haben die Mitwirkenden so oft lachend oder fluchend durchgearbeitet, dass sie nicht mehr neutral beurteilen können, ob tatsächlich auch bei einem Nichteingeweihten das mit bester Absicht Einstudierte richtig ankommt. Darum werden normalerweise die letzten Proben immer mit einem ausgewählten kleinen Publikum abgehalten, um so noch einmal ein Gefühl für die realen Abläufe zu erhalten.

Manche Schauspieler bekommen zum Beispiel fast einen Schock, wenn sie feststellen, dass das Publikum tatsächlich über einen einstudierten Witz lacht, vielleicht sogar spontanen Szenenapplaus liefert. Nun darf ein Darsteller natürlich nicht während des Klatschens einfach zwanzig Sekunden versteinern und dann weiter spielen. Er muss notfalls in der Lage sein, die Reaktionszeiten der Zuschauer zu überspielen. Üben kann er das nur, wenn er ein echtes Publikum hat, das repräsentativ auf das Dargebotene reagiert. Der Regisseur aber kann in Nachgesprächen auch klären, ob die von ihm intendierten Aussagen und Emotionen verstanden wurden oder nicht.

Es wäre schön, wenn sich künstlerische Arbeit in Ge- und Verboten ausdrücken ließe. Nein, eigentlich auch wieder nicht! Gerade weil die Grundregeln nur ein Fundament legen, hat ein Regisseur alle Freiheiten, seine Kreativität spielen zu lassen, einem Stück seine ganz persönliche Note zu geben und die Zuschauer auf seine Weise zu erreichen. Diese zehn Gebote sind die Pflicht, die Kür muss jeder selbst gestalten. Lernen aber wird er es nur durch Erfahrung. Je mehr Alternativen dem Leiter einer Gruppe zu einer bestimmten Szene einfallen, desto größer ist die Wahrscheinlichkeit, dass er auch die eine findet, die den Geist des Manuskriptes am treffendsten und zugleich am persönlichsten wiedergibt. Wer es sich als Regisseur leisten kann, der sollte jemanden finden, der bei den Proben die erarbeiteten Elemente der Inszenierung notiert, damit nicht die besten Ideen im Überschwang wieder vergessen werden. Bühne frei!

Kapitel 6

Die 10 Gebote des Stückeschreibens

»Über Kunst muss man einfach und verständlich reden und schreiben! Weise Redensarten erschrecken – sie rühren zwar das Gehirn an, finden aber nicht den Weg zum Herzen.«
Konstantin Stanislawski

Irgendwann passiert es in den meisten Theatergruppen: Man hat lange Zeit gute Stücke fremder Autoren gespielt und dabei sind immer wieder eigene Wünsche, Vorstellungen und Einfälle für ein selbst geschriebenes Stück aufgeblitzt. Es ist etwas Wunderbares, vom Leben zu erzählen, auch wenn die Fokussierung des Daseins auf die alles erzählende kleine Welt eines Textes oft mit viel Schweiß und Tränen verbunden ist. Manchmal fehlen die Worte, dann die fesselnden Handlungsstränge oder die überzeugenden Charaktere. Wer schreibt, ist immer auf der Suche und immer bereit zu finden. Herrlich!

Für Inspiration gibt es keine Regeln – leider. Irgendwann sitzt man in der Straßenbahn, im Café, am Strand oder lacht sich selbst beim Zähneputzen ins Gesicht und plötzlich ist sie da: die Idee für das nächste Stück, für den nächsten Satz oder eine Szene, die einfach danach schreit, geschrieben zu werden. Wann die Eingebung erfolgt, weiß keiner. Selbst Rainer Maria Rilke, der begnadete deutsche Poet, hat einmal zehn Jahre lang kein wirklich neues Wort zu Papier gebracht, weil ihn die Muse nicht küssen wollte. Und dann plötzlich war die Inspiration wieder da und er konnte vor lauter Kreativität kaum noch atmen; er nannte diesen Zustand »einen Sturm im Geist«. Wochenlang stand er vom Schreibtisch nur auf, um das nächste Blatt Papier zu holen, weil ihm die Verse einfach so aus der Feder flossen und er nur ja keinen verpassen wollte.

Was kann man tun, um sich vor Schreibhemmungen zu schützen und immer andere Einfälle zu bekommen? Ich würde sagen: schauen, reden, denken und träumen.

Das erste ist oft das einfachste: Die Welt beobachten, die Menschen und ihre Erlebnisse wahrnehmen. In der Regel schreibt das Leben die spannendsten Geschichten und ein guter Autor wird zwischen den Zeilen immer in irgendeiner Form auch von eigenen Erfahrungen schreiben – ob er will oder nicht. Denn nur das, was mich unmittelbar berührt und fasziniert, kann ich auch in eine künstlerische Form bringen. Je leichter die Zuschauer erkennen, dass das Beschriebene tatsächlich passieren kann, desto mehr berührt sie das Stück. Und da alle Menschen es immer noch lieben, von morgens bis abends Geschichten zu erzählen, zumindest ihre kleinen und großen Misserfolge des Alltags, gibt es eigentlich genügend Material.

Das zweite ist ein wenig schwerer: Um auf neue Ideen zu kommen, muss ich über meinen eigenen Horizont hinausdenken und meine bisweilen eingefahrenen Denkstrukturen verlassen. Das kann ich aber am besten in einem Team von Mitarbeiterinnen und Mitarbeitern. Ein gutes Brainstorming, in dem jeder assoziativ eigene Bilder, Gedanken und Figuren einbringt, wird in der Regel auch zum Ziel kommen: Einer macht einen Vorschlag, die anderen kommentieren ihn aus ihren jeweiligen Positionen, führen ihn weiter, werden angeregt, einmal in eine ganz unerwartete Richtung zu denken, feuern sich gegenseitig an, verschiedene Vorstellungen kreisen im Raum, und ehe man sich versieht, ist ein Stück geboren, in dem sich alle wieder finden. Dabei hat man gleichzeitig die Garantie, dass die Idee nicht einem dubiosen Einzelinteresse entspringt, dass sie groß genug ist, um verschiedene Charaktere anzusprechen, und dass sie von vielen nachvollzogen werden kann. Der Vorteil der Gruppenarbeit ist auch, dass man schnell merkt, ob man sich in eine kreative Sackgasse begibt, in der man sich möglicherweise unnötig lange aufhält, oder ob man auf der richtigen Fährte ist.

Der dritte Aspekt besteht zu achtzig Prozent aus Arbeit: Kreativität braucht Geduld. Es gibt Menschen, die sehr bald frustriert sind, wenn ihnen nach fünf Minuten keine Inspiration kommt, die pulitzerpreisverdächtig ist. Künstler erleben es aber immer wieder, dass ein guter Einfall einfach seine Zeit braucht. Max Frisch hat einmal gesagt, auf jedes Buch, das er schreibe, kämen hunderte, die er nicht geschrieben habe. Wer einen großen Einfall haben will, muss auch bereit sein, vorher fünfzig andere zu verwerfen, denn bei jeder Idee, die ich *nicht* will, wird mir ein bisschen klarer, *was* ich eigentlich will. Und so arbeite ich mich langsam bis zu dem Punkt vor, an dem ich eine Geschichte finde, die mich wirklich überzeugt. Das Wichtigste dabei ist: Wer Dutzende von Geschichten angedacht und unzählige Figuren in sich zum Leben erweckt hat, dessen Fantasie wird so geschult, dass diese Prozesse mit der Zeit immer leichter fallen.

Der vierte Aspekt deutet ein wenig auf die hohe Schule des Schreibens hin: Indem er bei allem, was er tut, die Möglichkeit einer kreativen Bearbeitung des Lebens einschließt und erwägt, fängt ein Autor an zu träumen. Er wagt bei allen Gedanken, Worten und Taten einen Schritt in die Welt der Fantasie und nutzt so jeden Moment, um sich inspirieren zu lassen.

In der praktischen Theaterarbeit sieht das Ganze natürlich hin und wieder etwas nüchterner aus. In drei Wochen soll ein zehnminütiges Stück fertig sein – das Thema lautet: »Kein Sex in der Ehe« – und zwei der kreativsten Mitarbeiterinnen sind gerade im Urlaub. Normalerweise sollte nun erst einmal der große Ideenaustausch stattfinden, in dem es weder falsche noch richtige, weder gute noch schlechte Ideen gibt. Jeder darf sagen, was er denkt. Wer im Brainstorming wertet, macht den ganzen kreativen Prozess zunichte. Natürlich kann es sein, dass jemand einen lächerlichen Vorschlag macht, aber vielleicht bringt gerade dieser Irrweg die anderen auf einen Gedanken, der dann angenommen wird. Irgendwann kristallisieren sich beim Fantasieren auf jeden Fall Themen heraus. Dabei sind folgende Fragen im Hintergrund wichtig: Was interessiert das Team am meisten an der Thematik? Gibt es Situationen, die spontan dazu einfallen? Was sind die Hauptfragen der Gesellschaft zu diesem Thema? Welche Szene könnte das Thema am prägnantesten widergeben? Und auf einmal funktioniert es vielleicht so! »Kein Sex in der Ehe«: Natürlich ein Ehepaar – Es macht nicht mehr so richtig Spaß im Bett – Ein Liebhaber? – Quatsch! – Vergessener Hochzeitstag? – Super! – Er will immer, sie nie! – Zu platt! – Beide haben noch Träume und erinnern sich an ihre Jugend – Ja, sehr gut, wir sprechen von den unerfüllten Träumen und von den oft viel zu hoch gesteckten Erwartungen – Also: das Ehepaar will am Hochzeitstag miteinander schlafen, plötzlich wird ihnen klar, dass der Mann viel zu viel arbeitet und die Frau sich mehr Zärtlichkeit wünscht – Warum wird ihnen das denn klar? – Ein Film im Fernsehen? – Nee! – Ein altes Urlaubsfoto, die beiden verschmust im Restaurant – Nicht schlecht, aber auch noch nicht gut – Die Tochter! – Die Tochter geht mit ihrem Freund aus, die Eltern erinnern sich an die erste romantische Zeit und auf einmal werden ihre alten Sehnsüchte wieder lebendig – Das ist es: eine Parallelszene. Der Streit über das häufige Ausgehen der Tochter ist der Anlass für die Selbstbesinnung. Die Tochter geht, von nun an sieht man links auf der Bühne die Eltern, die sich über ihr verschwundenes Feuer wundern, rechts die Jugendlichen, die gern im Auto knutschen möchten. Beide Seiten träumen von einer ganz anderen Sexualität, die Eltern vom Abenteuer im Auto, die Jugendlichen vom Verheiratetsein und einem großen Ehebett. Beide Seiten sind überzeugt, die anderen seien gerade ganz glücklich, und immer, wenn übergeblendet wird, sieht man, dass es da auch nicht klappt. Und am Schluss stellt sich raus, dass der Vater den Hochzeitstag ohnehin vergessen hatte. Plötzlich ist der Handlungsablauf klar.

Sobald eine Idee zur Geschichte wird und Gestalt annimmt, ergeben sich viele Dinge von selbst: Kulissen, Requisiten und Bewegungen müssen eigentlich nur noch ergänzt werden. Und wie man an diesem Beispiel sieht: Wenn der Handlungsrahmen einmal abgesteckt ist, sind auch die inhaltlichen Zusammenhänge, Beziehungen und Entwicklungen so weit vorstrukturiert, dass man die Dialoge nur noch ausformulieren muss.

Wen nun die Inspiration gepackt hat, der sollte sich gleich ans Werk machen. Denn hier sind sie: »Die 10 Gebote des Stückeschreibens«.

1. Gebot: »Thematik«

So seltsam das klingen mag: Oft fällt es bei Aufführungen relativ schwer zu sagen, wovon das Stück überhaupt handelt. Die Akteure sind vielleicht identifizierbar, aber die Grundaussage wird nicht deutlich. Das liegt häufig vor allem daran, dass viele Theatergruppen sich so inspiriert fühlen, dass sie an einem Abend in einem Stück gleichzeitig alle wichtigen zeitgenössischen Gesellschaftsthemen umfassend berücksichtigen wollen: Arbeitslosigkeit, Liebe, Weltfrieden, Einsamkeit, Rechtsradikalismus, Konsumterror, Bademoden, das Einfrieren von Rhabarber und alles, was ein Herz sonst noch bewegt. Die Erfahrung aber ist genau umkehrt: Je mehr Dinge ein Stück behandelt, desto belangloser wird es, je genauer es einer konkreten Frage auf den Grund geht, desto ergreifender ist es.

Darum sollte sich ein Autor zu Beginn wirklich darüber klar werden, was er nun mit diesem Stück sagen will. Und er sollte in der Lage sein, in wenigen Sätzen den »Plot«, also die Grundidee seines Werkes, formulieren zu können. Diese dichte Zusammenfassung, diese thematische Basis, muss dann als Leitfaden im Stück immer wieder erkennbar sein und den Mittelpunkt bilden; zusätzliche Themen verwirren den Zuschauer nur oder lenken ihn vom Eigentlichen ab. Oft hilft es auch, eine Grundfrage zu stellen, auf der das Stück aufbaut – bei dem oben genannten Beispiel wäre das zum Beispiel die Frage: Warum misslingt Sexualität so oft? Die Aufgabe des Stückes ist es nun, genau diese Frage zu beantworten. Jede weitere Frage, die es aufreißt, lenkt ab, jede zusätzliche Antwort auf ungestellte Fragen ist überflüssig. Es mag zwar reizvoll sein, so viele Lebensweisheiten wie möglich in ein Stück einzubauen, wirklich gelingen wird die Auseinandersetzung aber immer nur bei einem Thema. Eine mit all ihren vielseitigen Nuancen betrachtete Problemstellung gibt dem Publikum wirklich neue Einsichten, während die zusätzlich noch vorgebrachte Erkenntnis, dass Neonazis böse sind, wahrscheinlich niemanden mehr vom Stuhl reißt. Interessant ist bei dieser Kunst des Fokussierens: Je eindeutiger das Thema ist, desto fantasievoller kann die Inszenierung damit umgehen und desto menschlicher und natürlicher kann sie Sitationen lebendig werden lassen. Die übermäßige Häufung von inhaltlichen Einfällen signalisiert dagegen meist nur, dass der Autor seiner Grundidee nicht traut. Weniger ist mehr, weil zu viel nichts ist.

2. Gebot: »Relevanz«

Ist das Thema festgelegt, muss sich der Autor überlegen, welchen Aspekt davon er dem Publikum nahe bringen will. Welcher Gedanke bleibt hängen? Mit welcher Figur werden sich die Zuschauer identifizieren? Welches Motiv kehrt immer wieder? Welcher Satz wird zum Leitmotiv?

Der Literaturkritiker Marcel Reich-Ranicki betont gern, dass gute Literatur, ganz unabhängig von der Frage, welche Erzählmotive und Kulissen sie verwendet, ein Gleichnis des Lebens sein müsse. In einem Gleichnis aber benutzt der Erzähler meine Erfahrungswelt, Bilder, die mir, d. h. dem Leser oder Zuschauer, vertraut sind, und ermöglicht mir gleichzeitig einen Blick über meinen Horizont hinaus, so dass ich etwas über das Leben lerne, was mein eigenes Dasein bereichert. In einer Sprache, die ich verstehe, wird mir etwas verdeutlicht, das ich noch nicht verstanden habe. Damit aber sind auch die entscheidenden Kriterien für Theaterstücke vorgegeben: Worin erkennt sich das Publikum wieder (Figuren, Szenen, Problemstellungen, Sehnsüchte usw.)? Je realitätsnaher das Stück gestaltet wird, desto glaubwürdiger wird es auch. Ein Autor mit einer regen Fantasie gerät leicht in Versuchung, sich immer kreativere Ausgestaltungen einer Grundidee einfallen zu lassen. Deshalb sollte er immer wieder hinterfragen, ob das, was in seinem Stück beschrieben wird, wirklich passieren kann, oder ob die Situation in der Realität niemals oder ausschließlich unter absurden Bedingungen entstehen würde. Nur wenn ich als Zuschauer glauben kann, was ich auf der Bühne sehe, lasse ich es auch an mich heran. Über verrückte Einfälle freue ich mich vielleicht, berühren werden sie mich nicht. Die Frage der Glaubwürdigkeit aber stellt sich an Personen genauso wie an das Thema, die Handlung, die Entwicklung, die Beziehungen und die Sprache. Ein Zuschauer, der sich denkt: »So etwas gibt es doch gar nicht«, wird nicht mehr aufmerksam zusehen. Dabei geht es weniger um äußere Formen als um innere Wahrhaftigkeit. Je mehr die Grundaussagen mit dem wirklichen Leben zu tun haben, desto freier ist der Autor auch in der Gestaltung des Stückes. Es fragt beispielsweise wahrscheinlich fast niemand danach, ob es tatsächlich Außerirdische, wieder belebte Dinosaurier, heimtückische Vampire, Zeitreisende oder Forscher gibt, die sich nachts in Monster verwandeln, wenn in diesen Figuren allzumenschliche Fragen und Probleme anklingen.

3. Gebot: »W-Fragen«

Einfach, aber leicht falsch zu machen: Auch an ein Theaterstück sollte ein Autor regelmäßig alle W-Fragen stellen. Es kann nämlich schnell passieren, dass das Auditorium sich auf der Bühne nicht zurechtfindet. W-Fragen sind: Wer? Wo? Wann? Was? Warum? Womit? usw. Zum Beispiel: Erkennt der Zuschauer eindeutig, wer in dem Stück welchen Charakter hat und zu wem wie in Beziehung steht, wo das Ganze spielt, worum es eigentlich geht, wann die Szene stattfindet und wovon die Beteiligten sprechen? Wer ein Theaterstück konzipiert, der hat sich eine eigene Welt zusammengebaut und kennt die Zusammenhänge. Wird aber auch dem Publikum bei allem klar, worum es sich handelt? Wann werden im Verlauf der Aufführung welche Informationen in den Zuschauerraum weitergegeben und welche Einzelheiten sollen erst im Lauf des Abends durchsickern? Gerade bei modernen Theaterinszenierungen, in denen auf einer leeren Bühne eine Schauspielerin grunzend über den Boden robbt, bevor sie in einen Zuber mit geschmolzenen Gummibärchen getunkt und mitsamt ihrer Amboss-Sammlung aufgehängt wird, haben viele Zuschauer das Problem, dass sie gar nicht verstehen, was passiert. Wenn der Autor gerade das bezwecken will: bitte! Im Normalfall sollte der Verfasser nach meiner Überzeugung aber jede Verunsicherung des Publikums bezüglich des Gezeigten vermeiden.

Natürlich gehört es zu den großen Erzähltraditionen der Weltliteratur, nicht gleich alles preiszugeben, sondern sich einzelne Hinweise bis zum Ende aufzubewahren. Was wäre ein Kriminalroman, der den Mörder schon am Anfang verrät? Oder ein Rührstück, in dem das Liebespaar sofort erkennt, dass es eigentlich ein Geschwisterpaar ist, das in der Kindheit durch böse Stieftanten oder in einem asiatischen Wirbelsturm getrennt wurde? Es kann auch geistreich sein, die Zuschauer bewusst über die Identität der Personen, über den Ort oder die Zeit im Unklaren zu lassen. In der Regel gilt aber: Wenn es nicht zur dramaturgischen Konzeption gehört, Informationen vorzuenthalten, dann muss das Publikum wissen, was es sieht.

Wichtig ist die Orientierung gerade dann, wenn die Handlung Sprünge macht. Normalerweise wird ja nicht in Echtzeit erzählt, denn in den zwei Stunden auf der Bühne werden bisweilen mehrere Jahre zusammengefasst. Das erfordert einerseits die Fähigkeit, Motive und

Szenen zu finden, die für die jeweiligen Situationen charakteristisch sind und die die in der Zwischenzeit stattgefundenen Entwicklungen deutlich machen, andererseits aber auch einen guten Sinn für die Informationen, die der Zuschauer mindestens benötigt. Ein Autor muss sich jederzeit bewusst sein, welchen Wissensstand das Publikum in einem bestimmten Augenblick hat, wann er mit bisher unbekannten Details neue Spannung einbringen und wann er das Fehlen von Zusammenhängen für sein Stück nutzbar machen kann. Aus Unachtsamkeit den Zuschauer zu verunsichern, weil er nicht genau weiß, was er da vor sich hat, lässt sich mit den W-Fragen vermeiden.

4. Gebot: »Spannungsbogen«

Im Theater ist zwar alles erlaubt, aber es bewährt sich nicht alles. Es ist kein Zufall, dass im klassischen Theater bestimmte Bauformen eines Stückes immer wiederkehren. Und ein Autor, der sich daran hält, wird bald merken, warum sie so gut funktionieren. Bewährt haben sich fünf Schritte:

a) Anfang

Zuerst muss der Zuschauer in die Welt des Stückes eingeführt werden. Die erste Szene hat deshalb die Aufgabe, mit den Personen und Gegebenheiten vertraut zu machen. Beziehungen zwischen den Rollen, Lebensumstände und charakteristische Motive werden vorgestellt. Manchmal wird vor allem die Vorgeschichte der gezeigten Szene deutlich gemacht. Auch das Thema wird bereits eingeführt, aber noch nicht zugespitzt. Das Publikum wird abgeholt und freundet sich mit den Charakteren und ihren Fragen an. Darüber hinaus darf der erste Akt gerade so viel verraten, dass das Publikum auf den weiteren Verlauf gespannt ist.

b) Entwicklung

Langsam wird nun klar, dass es ein Problem gibt, das gelöst werden, eine Aufgabe, die der Held bewältigen muss, oder eine innere Einstellung vorhanden ist, die in ihrer jetzigen Form nur Unglück bringt.

Fronten werden aufgebaut und Lösungsmöglichkeiten angedacht, ohne dass es bereits jetzt zu einem wirklichen Fortschritt käme. Je größer die Hilflosigkeit und je schwieriger die Situation ist, desto klarer wird der Konflikt. Im zweiten Akt beginnt die eigentliche Handlung, die nun etwas in Bewegung bringen soll.

c) Höhepunkt

Plötzlich zeigt es sich, dass es für die Protagonisten keine andere Wahl gibt, als jetzt zu einer Entscheidung, einer Tat oder einem Machtwort zu kommen. Das Problem, das bisher vielleicht erfolgreich verdrängt wurde, stellt sich so massiv in den Weg, dass man ihm nicht mehr ausweichen kann. Gut und Böse sind die Alternativen. Die Handlung aber kann nur weitergehen, wenn ein neuer Weg gefunden und der Konflikt gelöst wird. Jeder im Zuschauerraum muss mitfiebern, wenn es darum geht, die Darsteller noch einmal zu retten.

d) Lösung

Durch Weisheit, Geschick, Macht, List, Schicksal, Sinneswandel, Kraft, Freude oder göttliches Eingreifen kann der Konflikt beendet werden. In der Tragödie ist oft der Tod der einzige Ausweg. Die Aufgabe wird gelöst, der Feind besiegt oder die Frage beantwortet. Je überraschender die Lösung für die Zuschauer ist, desto besser prägt sie sich ein.

e) Ausklang

Jetzt erst werden sich die Personen im Stück bewusst, was diese Auseinandersetzung mit dem Problem in ihrem Leben bewirkt und wie sie sich dabei verändert haben. So kann es am Schluss noch einmal zu einigen Nachwehen des Hauptkonfliktes kommen, die aber thematisch nur den Einfluss des Geschehens auf die einzelnen Charaktere deutlich machen sollten. Üblicherweise endet ein Stück mit einer Szene, in der möglichst viele der Überlebenden noch einmal zusammenkommen oder in der an Hand weniger Personen das Thema noch einmal gebündelt wird. Das Verfolgen dieses Prozesses hat den Zuschauer hoffentlich mitgerissen – inhaltlich und in die Welt des Stückes. Aus diesem Grund muss auch nicht immer am Ende eine fertige Antwort stehen.

Manchmal kann ein Wachrütteln viel mehr bewirken. Bertolt Brecht sagte charmant: »Wir sehen betroffen den Vorhang zu und alle Fragen offen.«

Aber auch innerhalb des Stückes muss der Spannungsbogen immer wieder in kleinere Bögen eingeteilt werden. Gruppenszenen sollten sich mit Monologen abwechseln, temporeiche Gespräche mit Ruhephasen und Probleme mit Lösungsansätzen. Besonders wichtig ist der Wechsel von Emotionen. Andauernd fröhliche Menschen sind genauso nervtötend wie ewig leidende. *Variatio delectat*, Abwechslung erfreut, auch auf der Bühne.

5. Gebot: »Verfremdung«

Ein Theaterstück, das mir nur meine eigene Welt zeigt, wird mich wahrscheinlich kaum länger interessieren, die kenne ich nämlich. Für den Autor stellt sich deshalb die Frage, an welcher Stelle und auf welche Weise er mit seinem Stück die Erfahrungswelt der Zuschauer überschreitet. Ein Glöckner ist nichts Besonderes. Ein buckliger Glöckner aber, der sich in ein schönes Mädchen verliebt und sie rettet, ist eine Story. Ein Mann, der einen Fisch fängt, reißt niemanden vom Hocker. Ein Alter aber, in dessen Kampf mit einem Riesenfisch das ganze Elend seines Lebens sichtbar wird, ergibt eine Story. Eine arme Familie, die nicht viel zu essen hat, kommt leider überall vor. Ein Bericht über Eltern aber, die ihre Kinder im Wald aussetzen und sie dadurch in die Fänge einer Hexe bringen, wird zu einer Story. Wo kommt das Unerwartete in die Geschichte? Warum soll ich mich für die Menschen auf der Bühne interessieren?

Das Überraschungsmoment gibt dem Stück seinen Geist, hebt es aus dem Alltag und zwingt mich, mitzufühlen. In dem Augenblick, in dem der Zuschauer eingeladen wird, über sich hinauszudenken, wird er neugierig und aufmerksam. Wie sehr der Autor in die gewöhnlichen Lebensabläufe hineinwirkt, hängt letztlich vom Thema des Stückes ab. Manchmal kann auch das Betrachten des Alltags aus einer ungewohnten Perspektive (etwa der eines Kindes, eines Hundes, eines Marsmenschen u. a.), mit besonderer Intensität oder auf seine Hintergründe hin so ungewöhnlich sein, dass es das Publikum einen Abend lang fesselt.

6. Gebot: »Zeigen«

Peter Ustinov erwähnte einmal in einem Gastvortrag, was einen Romancier von einem Stückeschreiber unterscheidet: »Im Buch muss man nur wissen, was man schreiben soll, im Theater, was nicht geschrieben werden soll.« Die Kunst des Theaters liegt im *Zeigen*, nicht im *Sagen*! Wer in seinem Stück die Schauspielerinnen und Schauspieler alles sagen lässt, was er für bedeutend hält, wird die Zuschauer und die Möglichkeiten des Theaters völlig unterfordern, weil er nur die intellektuelle Wahrnehmung anspricht. Ein Kuss anstatt eines »Ich liebe dich«, eine Grimasse anstatt einer Drohung, ein gepfiffenes Lied anstatt des Rufes »Ach, geht es mir gut« und ein Zusammensacken anstatt des dramatischen »Ich sterbe« lassen die Bühne erst lebendig werden.

Es empfiehlt sich daher, sich beim Schreiben eines Stückes regelmäßig zu fragen: »Muss ich diesen oder jenen Inhalt jetzt in einem Dialog oder einem Monolog zur Sprache bringen oder könnte ich ihn auch mit szenischen Mitteln verdeutlichen? Ist hier oder da nicht eine Bewegung oder ein Gang viel wirkungsvoller als alle Worte?« Dic Kunst, das Unausgesprochene mit dem Text zu verbinden, ist die Eintrittskarte in die hohe Schule des Stückeschreibens.

In dem, was das Stück nicht sagt und nur durch szenische Mittel ins Bewusstsein ruft, beweist es seine größte Qualität. Gerade weil ein Autor nur einen Ausschnitt der Welt und des Lebens präsentiert, muss er es den Zuschauern ermöglichen, den Rest im Unterbewusstsein dazuzudenken. Wenn es gelingt, in einem Stück mit jedem Satz und jeder Regieanweisung auf eine viel größere Wirklichkeit hinzuweisen, dann beginnt der Text zu leben.

7. Gebot: »Personen«

Konzipiert der Autor ein Stück, dann sollte er sich viel Zeit für die Entwicklung der Figuren nehmen. Sie müssen ihm selbst vertraut werden wie Freunde. Er muss ihre Handlungen verstehen und ihre Motivationen durchschauen. Eigentlich sollte er dazu auch all die Dinge in Erwägungen ziehen, die später im Stück nur indirekt zur Sprache kommen: Welche Vergangenheit hat die Person? Wo kommt sie her? Was zeichnet sie aus? Welche tieferen Beweggründe hat sie für ihre Ansichten? In welcher Beziehung steht sie zu jeder einzelnen der übrigen Figuren?

Es sind auch hier die Kleinigkeiten, die verhindern, dass aus einem Charakter ein Klischee wird. Weiß der Autor, dass er in seinem Stück auf jeden Fall einen Bankangestellten einbauen will, dann muss er gleichzeitig klären, welche Art Banker dies ist und worin er sich von seinen Kollegen unterscheidet. Kleine Eigenarten (streicht sich gerne die Haare aus der Stirn, träumt von einem Porsche oder reckt regelmäßig ein wenig vogelartig den Kopf vor) und emotionale Befindlichkeiten (missmutig, arrogant, fröhlich o. a.) sorgen dafür, dass die Rolle als Persönlichkeit und nicht als Stereotype wahrgenommen wird.

Bei jedem Auftritt muss die Figur dann natürlich auch ihrer Persönlichkeit entsprechend handeln und reagieren. Nur wenn der Zuschauer versteht, dass dieser Mensch in einer Situation so und nicht anders handeln musste, vertraut er ihm auch. Es gilt: Die Personen müssen normale Menschen sein, die nachvollziehbar und mit einer inneren Logik auf der Bühne agieren.

Die *Commedia dell'arte*, eine Theaterform aus dem sechzehnten Jahrhundert, hat deutlich gemacht, wie wichtig es dabei ist, im Panorama der auftretenden Personen gute Typenkonstellationen zu haben. Lauter nette Menschen sind genauso uninteressant wie lauter böse Buben. Interessant wird ein Stück erst, wenn die Charaktere in einem Spannungsverhältnis zueinander stehen und die Handlung mit diesen Unterschieden spielt. Einfach ist natürlich die Trennung in gute und schlechte Rollen, viel reizvoller aber ein Konfliktpotenzial mit subtileren Polen, etwa: neugierig – vorsichtig, voreilig – besonnen, naiv – abgeklärt, fröhlich – melancholisch und andere. Wo sich solche Paare begegnen, entsteht automatisch ein Thema, wird eine Handlung forciert und eine Entwicklung herausgefordert. Ein Autor, der vor Beginn seiner Arbeit am Stück in Ruhe die einzelnen Personen zum poetischen Leben erweckt und ihre Beziehungen umreißt, hat immer schon die Basis für ein gutes Werk.

8. Gebot: »Gefühle«

Ein Autor ist dafür verantwortlich, dass seine Personen in einem ganzheitlichen Sinne lebendig werden: in ihrem Denken, ihrem Handeln, ihrer Entwicklung und ihren Gefühlen. Gelingt dies nicht, wirken die Charaktere in den meisten Fällen hölzern, nichtmenschlich oder falsch. Persönlichkeiten existieren eben in verschiedenen Lebensbezügen, die alle deutlich werden sollten. Und zwar so, dass in jedem Gespräch die vier entscheidenden Ebenen der Kommunikation vorkommen: die informative Ebene, auf der reine Sachinformationen ausgetauscht werden, die emotionale Ebene, auf der die Gefühle wahrgenommen werden (die manchmal sogar im Gegensatz zum Inhalt stehen), die thematische Ebene, auf der die Persönlichkeit der Figur mit ihren ganz eigenen Zugängen zum Thema zum Tragen kommt, und die Beziehungsebene, auf der sich die Person immer wieder ihrer Rolle in der Welt besinnt. Jede dieser Ebenen muss in sich stimmig, korrekt und schlüssig sein. Wenn eine dieser Ebenen fehlt, werden die Aussagen zu hohlen Floskeln, die zwar richtig sein können, aber ohne Profil bleiben.

Die gleiche Kommunikation, die zwischen den Personen auf der Bühne funktionieren muss, findet aber auch zwischen dem Stück und dem Publikum statt. Der Autor muss sich also jederzeit bewusst sein, was er vermittelt, womit sich die Zuschauer identifizieren und vor allem welche Gefühle seine Protagonisten auslösen. Werden die Zuschauer weinen, wenn der tolpatschige Held hinfällt, oder werden sie lachen? Sind sie neugierig, wie sich die Heldin befreit, oder werden sie wütend über ihre missratene Gegenspielerin? Theater ist immer ein kommunikatives Geschehen, in dem das Stück, die Darsteller und das Publikum miteinander in ein Gespräch eintreten. Der Autor aber muss die unausgesprochenen Fragen aus dem Zuschauerraum vorher »hören« und auf sie reagieren können.

9. Gebot: »Sprache«

Eine häufige Kritik bei den ersten Probelesungen eines neuen Stückes mit Schauspielern ist: »So würde das doch nie ein Mensch sagen!« Am Schreibtisch wird manches zu Papier gebracht, das auf der Bühne nichts zu suchen hat. Lautes Lesen kann dabei bereits zu Hause die Augen öffnen, andere lesen zu lassen, hilft aber in der Regel am besten. Das bedeutet nicht, dass die Sprache nicht künstlerisch und über Alltagsfloskeln erhoben sein dürfte. Zuschauer merken sehr gut, ob der Text überhöht oder künstlich und gestelzt ist. Wenn die Sprache zu der Figur passt und ihre innere Befindlichkeit widergibt, nimmt man ihr auch eine ausgefeilte Ausdrucksweise nicht übel. Wenn aber die Punkerin auf der Bühne permanent sagt: »Mich deucht, meine frisürliche Ästhetik bedarf des Sprays«, irritiert sie nur. Eine poetische Ausdrucksweise bringt die Sprache zum Singen und redet über den Inhalt hinaus mit ihrem Metrum, ihrer Klangfarbe und ihrer Melodie. Aber auch in der Alltagssprache sollte man sehr auf saubere Formulierungen achten. Meist sagen wir Dinge eher mit wenigen Worten als mit vielen und so manche an sich nicht falsche Satzbildung wirkt einfach unnatürlich, wenn sie nicht unseren Erfahrungen entspricht.

Wichtig ist auch bei der Formulierung des Textes die Frage nach der Motivation. Jeder einzelne Satz sollte daraufhin untersucht werden. Warum sagt diese Person diesen Satz gerade jetzt? Wen spricht sie an? Was will sie damit erreichen? Welche Gefühle transportiert sie dabei? Hat sie das vielleicht schon einmal gesagt? Hier etwas Grundsätzliches über die Kunst des Formulierens sagen zu wollen, wäre vergebliche Liebesmüh, denn literarisch anspruchsvolle Texte gehorchen eigenen Gesetzen. Vor allem aber gibt es zu viele Detailfragen, die beim Schreiben bedacht werden müssen: die Suche nach treffenden Bildern, die grammatikalische Korrektheit, die wörtliche Rede, die Lebendigkeit, die Abwechslung, die Thesenbildung und vieles andere mehr. Grundsätzlich zeigt es sich aber, dass die Orientierung an der gesprochenen Sprache beim Stückeschreiben immer die richtige Richtung anzeigt.

10. Gebot: »Form«

Ist das Stück erst einmal geschrieben, empfiehlt es sich, es noch einmal in aller Ruhe auf seine innere Stimmigkeit zu überarbeiten. In der Regel finden sich schnell Passagen, die in Stil, Linienführung, Anliegen, Form oder Aufbau den übrigen Abschnitten und der Intention des Stückes entgegenlaufen. Warum bekommt die Nonne in der dritten

Szene einen Wutanfall, obwohl sie doch sonst immer als die Schlichterin auftaucht? Warum kennt der Sohn plötzlich die Worte »kollektiv« und »Seinsebene«, obwohl es die ganze Zeit darum ging, ihm einen Nachhilfelehrer in Deutsch zu besorgen? Warum spielt eigentlich die Figur aus dem zweiten Akt später nicht mehr mit? Spielt es eine Rolle, ob der Zwerg auftaucht? Warum reagiert niemand emotional auf den Selbstmordversuch des Vaters? Passiert eigentlich im dritten Akt irgendetwas, das die Geschichte weiterbringt? Entgleisungen gibt es immer und man muss ihnen sorgfältig nachgehen.

Jetzt wird es auch Zeit, noch einmal die Anfangsfrage an das Stück zu stellen. Nichts ist schöner, als während des Schreibens pausenlos neue Ideen für die Entwicklung der Handlung zu erhalten; man sollte sich dabei lediglich immer wieder fragen: »Bin ich auch beim Thema geblieben?« Häufig stellt sich zwar heraus, dass das in eine ganz andere Richtung gehende Ende so gut ist, dass man lieber den Anfang umschreibt, aber das schadet dann auch nicht. Entscheidend ist die Logik des Stückes, die einsichtig, mitreißend und überzeugend sein muss.

Satz für Satz entwickelt sich das Stück, manchmal ganz anders, als man vorher dachte. Darum gilt auch für die »10 Gebote des Stückeschreibens«: Ausnahmen bestätigen die Regel. Oft liegt der Reiz eines Schauspiels gerade darin, dass die Erwartungen der Zuschauer über den Haufen geworfen werden. So freizügig darf aber nur ein Autor schöpferisch tätig werden, der die Gebote eigentlich beherrscht und weiß, mit welchem Recht er sie an dieser oder jener Stelle übertritt.

Wer einmal angefangen hat, seine Fantasie zu Papier zu bringen, den lässt es nicht mehr los. Der schickt seine Gedanken auf Reisen, besucht die fernsten und aufregendsten Welten und kommt dann zurück, um einige von ihnen festzuhalten und mit anderen zu teilen. Die Figuren der Stücke aber können wirklich zu Freunden werden, mit denen man sich liebevoll darüber unterhält, was sie denn wohl als nächstes machen werden. Und wenn der letzte Punkt auf das Papier geschrieben wird, kommt auch der Autor gereift zurück in die Realität.

Kapitel 7

Vom Stück zur Aufführung

»Zuerst baue eine Gruppe von Spielern auf,
und dann wirst du ein Stück und ein Theater haben.«
Konstantin Stanislawski

Irgendwann ist es soweit: Das Team hat geprobt und gelernt, gestellt und genäht, gelacht und geweint, getobt und gesungen – und nun soll das ganze auch der Öffentlichkeit dargeboten werden; nun soll aus den heimlichen Kellerübungen eine richtige Aufführung werden. Leider ist das schwerer, als man denkt. Bevor sich der Vorhang über einer öffentlichen Darbietung hebt, müssen unendlich viele Dinge bedacht, erledigt und besorgt werden. Der russische Regisseur und Theaterwissenschaftler Stanislawski hat zwar zu Recht darauf hingewiesen, dass sich der Rahmen schnell ergibt, wenn die Theatergruppe erst einmal zueinander gefunden und voller Freude begonnen hat zu proben. Doch ein Saal füllt sich eben nicht von allein mit Menschen, Kostüme schweben nicht vom Himmel und Garderobieren wollen manchmal mehr Geld, als man ihnen bezahlen möchte.

Trotzdem gehört dies alles dazu. Erst mit dem Fieber der Vorbereitungen, mit der Lust am Organisieren und Planen und mit der Sehnsucht nach dem ersten Öffnen des Vorhangs blüht das Theaterspielen so richtig auf. Und wer mit guter Laune und der richtigen Einstellung an die vielen kleinen Aufgaben herangeht, dem wird es viel Vergnügen bereiten; schließlich ist jede erledigte Aufgabe der nächste Schritt zur Premiere.

Weil die Voraussetzungen und Ziele der Theaterteams sehr verschieden sein können, werden hier drei unterschiedliche Modelle für die Vorbereitung einer Aufführung vorgestellt. Sie können auch parallel laufen, haben aber unterschiedliche Schwerpunkte:

1. Planung für Kurztheaterstücke
2. Planung für abendfüllende Veranstaltungen
3. Hintergrundorganisation.

Für alle drei Schemata gilt aber, dass die einzelnen Aufgaben früh genug angedacht und konzipiert werden sollten, damit eventuelle Probleme am Ende nicht auf Kosten der künstlerischen Darbietung gehen.

1. Planung für Kurztheaterstücke

Theatergruppen, die häufiger in Gottesdiensten oder ähnlichen Veranstaltungen kurze Stücke von 5-10 Minuten spielen und diese eventuell auch selbst schreiben, müssen sehr viel konzentrierter und einfacher arbeiten als ein Team, das eine abendfüllende Veranstaltung plant. Bei der regelmäßigen Arbeit an szenischen Akzenten kommt es vor allem auf gute Organisation, eingespielte Mitarbeiter und klare Strukturen an. Da die Stücke als Einleitung, Vertiefung oder Untermalung eines Gesamtkonzeptes fungieren, ist es darüber hinaus wichtig, dass der Theaterteamleiter und die übrigen Planungsverantwortlichen gut zusammenarbeiten. Beide Seiten müssen sich über die Art und die Form der Darbietung einig sein. Denn kaum etwas ist auf der Bühne trauriger als ein gelungenes Stück, das leider inhaltlich am Motto oder am Rahmen der Veranstaltung vorbei gespielt wurde. Darum sollte bereits vorab geklärt werden, welche Funktion ein Stück in dem geplanten Konzept haben kann, ob und wie es die vorgesehenen Inhalte vermitteln oder hinterfragen soll und worauf die Schauspieler achten müssen (etwa auf die Empfindlichkeit der zu erwartenden Seniorenriege gegen Hardrock-Musik). Je genauer die Absprachen sind, desto besser kann sich ein Theaterteam auf die Bedingungen einstellen.

Die Erarbeitung kurzer Szenen für Gottesdienste hat einen eigenen Reiz, weil das Hineinfühlen in die Rollen, das Planen und Entdecken der künstlerischen Welt und die kreative Arbeit nicht nur intensiver, sondern vor allem häufiger und auf unterschiedlichsten Zugangsweisen geprobt wird. Andererseits fehlen das ruhige Reifenlassen einer Figur, das kontinuierliche Entdecken neuer Feinheiten und das Ausspielen einer Rolle über zwei Stunden – mit unterschiedlichsten Emotionen und Charaktermerkmalen. Wer aber seine Kunst in kleinen Drama-Szenen getestet hat, der schafft meistens auch den Sprung zu abendfüllenden Stücken.

Eine Gruppe, die jede Woche zum Einsatz kommt, muss ihre Arbeit perfekt organisieren. Dabei hat sich folgender Plan bewährt:

a) Zwei Wochen vorher: Thema festlegen

Es wäre herrlich, wenn jeder Sprecher oder Prediger und jeder Organisator schon vierzehn Tage vor einer Veranstaltung genau sagen könnte, worauf er hinauswill. Dann hätte das Team ausreichend Zeit, um sich ein adäquates Stück auszudenken. Kann er das – im Regelfall – nicht, dann sollte er bitte so genau wie möglich seine zu erwartenden Grundaussagen benennen, damit es nicht zu Themenkollisionen kommt.

Sobald ein Grundstock an Informationen vorhanden ist, trifft sich das Team und beginnt mit einem Brainstorming (siehe »Die 10 Gebote des Stückeschreibens«). Im Mittelpunkt sollten dabei folgende Fragen stehen: Was haben wir zu dem Thema zu sagen? Welcher Aspekt sollte hervorgehoben werden? Wo wird das Thema in der Erfahrungswelt der Menschen aktuell? Daraus entsteht dann meist eine Grundidee, ein Handlungsablauf und eine Kulisse, die in einem zweiten Schritt mit passenden und ergänzenden Anregungen ausgeschmückt werden. Je vielfältiger ein Thema bedacht wird, desto leichter findet sich auch ein Gesamtkonzept, in dem wirklich ein kleines Gleichnis des Lebens sichtbar wird.

Entweder gehen danach alle Kreativen oder aber ein begabter Schreiber daran, formulieren die einzelnen Ideen aus und fügen sie zu einem Stück zusammen.

b) Zehn Tage vorher: Manuskripte verschicken

Soweit dies noch nicht beim Planungstreffen geschehen ist, muss nun der Theaterleiter in Rücksprache mit dem Team klären, welche Schauspielerinnen und Schauspieler die vorhandenen Rollen übernehmen sollen. Nicht immer ist eine spontane Besetzungsidee die beste. Vor allem aber sollten nicht immer nur die drei Stars der Truppe angefragt werden. Bisweilen ist es wichtig, zu fragen, wer mit einer Rolle vielleicht herausgefordert werden könnte, wer möglicherweise die größte persönliche Nähe zu einer Figur hat und wer im Moment auch genügend Zeit mitbringt, um sich in aller Ruhe mit der Aufgabe auseinander zu setzen.

Die ausgewählten Spielerinnen und Spieler benötigen, wenn sie denn Zeit haben, so schnell wie möglich die Manuskripte, um sich mit ihren Rollen vertraut zu machen. Fantastisch wäre es natürlich, wenn sie ihre Parts schon in groben Zügen auswendig lernen würden, weil das die Arbeit des Regisseurs wesentlich erleichtert. Niemand spielt locker, der fünf Blatt Papier auf dem Schoß hat. Andererseits sollte der Text nicht zu genau eingetrichtert werden, da es im Normalfall während der Probenarbeit immer auch zu kleineren oder größeren Textänderungen kommt. Dafür sollte man auch offen sein, denn so manche am Schreibtisch erdachte Szene wirkt auf der Bühne ganz anders, als sie geplant war. Wichtig ist bei der Vorbereitung der einzelnen Darsteller die Erarbeitung eines Bewusstseins für die Abläufe und für die inhaltliche Entwicklung des Textes. In der konkreten Ausarbeitung und Inszenierung werden dann Passagen gestrichen, ergänzt oder variiert.

c) Eine Woche vorher: Stellprobe

Nach einer ruhigen Leseprobe, in der sich alle Beteiligten noch einmal des Stückes, ihrer Rollen und der Intention bewusst werden können und in der bereits die ersten sprachlichen Interpretationsmöglichkeiten anklingen, sollten Schauspieler und Regisseur gemeinsam Ideen für eine schlüssige und ansprechende Inszenierung sammeln. Erst danach kann der Leiter sein vorgedachtes Konzept erklären. Wenn viele unterschiedliche Persönlichkeiten ihre Vorstellungen von einer Szene zusammenfügen, wird sie meist am authentischsten.

Dann beginnt die eigentliche Arbeit am Stück (siehe »Die 10 Gebote der Regie«). Je mehr Bewegungen und Spielpositionen die Schauspielerinnen und Schauspieler anbieten, desto besser ist es, weil sie sich dabei selbst richtig in die Rolle hineindenken können. Der Regisseur, der selbstverständlich nicht mitspielen darf, weil er der kritischste Zuschauer sein muss, ist für das Zusammenfügen der einzelnen Vorschläge zu einem Gesamtbild verantwortlich. Dabei wird fast immer sehr schnell deutlich, welche Kulissen und welche Requisiten von Nöten sind, damit die Szene nicht nur gestellt wird, sondern ansprechend und in sich schlüssig wirkt. Das gilt auch für die Kostüme. Wenn alle Gänge, Gesten, die Mimik und die passenden Utensilien geklärt sind, lohnt es sich immer, das Stück noch zwei- bis dreimal – nötigenfalls mit Ersatz-Requisiten und Kostümen – durchzuspielen, um sicherer zu werden. Wenn möglich, empfiehlt es sich sogar, den Durchlauf auf der Bühne zu proben, auf der dann auch die Aufführung stattfinden wird, damit die Schauspieler zumindest einmal unter Originalbedingungen gespielt haben.

Am Ende dieser Probe muss besprochen werden, wer sich um die noch fehlenden Dinge kümmert und sie beim nächsten Mal mitbringt. Das kann, etwa wenn es sich um Sofas, Fernseher oder Autositze handelt, in manchen Fällen längere Klärungsprozesse mit sich ziehen. Sorgfalt bei der Auswahl von Requisiten ist wichtig, denn sie stimmen die Zuschauer oft schon positiv auf die Aufführung ein, bevor das erste Wort gesprochen wurde. Auch der Einsatz von Geräusch- oder Atmosphärenaufnahmen kann die Wirkung eines Stückes sehr unterstützen. Allerdings ist es nicht immer leicht, mit dem Walkman Tigergebrüll oder Jahrmarktsmusik aufzunehmen. Geklärt werden muss darüber hinaus, wer die Musik- oder Tonaufnahmen einspielt und wer sich um das Licht kümmert. Die beste Vorbereitung war vergeblich, wenn die Akteure nachher im Halbdunkel oder unter grellen Neonröhren spielen müssen. Wenn all diese Einzelheiten organisiert sind, geht es ans endgültige Auswendiglernen der Texte.

d) Einen Tag vorher: Generalprobe

Beim letzten Durchlauf darf nichts mehr verändert werden, denn neue Ideen verwirren dann mehr, als sie helfen. Kulissen, Kostüme und Requisiten müssen genau so vorhanden sein, wie sie später dann auch bei der Aufführung eingesetzt werden, damit die Darsteller unter Originalbedingungen arbeiten können. Wenn allen Beteiligten die übrigen Aktivitäten der Veranstaltung und der Zeitpunkt des Auftritts im Rahmenprogramm bekannt sind, damit sie schon ganz genau wissen, was am folgenden Tag auf sie zukommt, geht es los: Das einstudierte Stück wird ein- oder mehrmals ganz durchgespielt – ohne Kommentare. Wer jetzt noch unterbricht, bekommt nämlich niemals das richtige Spielgefühl für die Abläufe. Bei Texthängern wird souffliert, Fehler in der Darbietung müssen überspielt werden. Notfalls kann nach jedem Durchlauf noch einmal Manöverkritik abgehalten werden. Aufpassen: Es muss auch genauestens geklärt werden, von wo die Schauspielerinnen und Schauspieler auftreten, wie sie dort ihren Einsatz erhalten, wie viel Zeit sie für die Wege brauchen, wer den möglicherweise nötigen Auf- oder Umbau der Kulissen auf der Bühne leitet und wohin die Truppe nach dem Auftritt wieder verschwinden kann.

Nun weiß jeder, welche Textstellen er vielleicht noch einmal durchgehen oder welche Gänge und Bewegungen er vor dem Spiegel üben sollte. Und er weiß, was er schon kann: Das ist für die Bewältigung des Lampenfiebers sehr angenehm.

e) Nachbesprechung

Da Kurztheaterstücke meist nur ein- oder zweimal aufgeführt werden, lohnt es sich, danach mit dem ganzen Team noch einmal die Stärken und Schwächen durchzugehen und viele Zuschauer zu befragen. Wenn es möglich ist, kann die Gruppe auch an Hand eines Videomitschnittes sorgfältig analysieren, woran sie weiter arbeiten muss. Meist ist man selbst sein kritischster Zuschauer, so dass sich Aufnahmen immer lohnen, denn man erkennt, wie Bewegungen und Sätze aus der Perspektive des Publikums wirken. Wer dafür Zeit hat, sollte bereits in der letzten Probephase mit Hilfe einer Aufzeichnung allen Mitspielerinnen und Mitspielern diese Möglichkeit zur Eigenbeobachtung geben.

Und wenn der Applaus des Publikums noch leise im Raum nachhallt, denken die Schauspielerinnen und Schauspieler vielleicht schon an das nächste Stück, die nächste fremde und faszinierende Welt, auf die sie sich einlassen wollen.

2. Planung für abendfüllende Veranstaltungen

Wer zwei Stunden lang eine Bühne mit Fantasie und Träumen füllen will, der braucht viel Zeit für die Vorbereitung. Ein gutes Theaterstück muss wachsen, sollte mit den Darstellern reifen, ihnen in Fleisch und Blut übergehen und Teil ihres Lebens werden. Kaum etwas ist trauriger als eine Aufführung, der man ansieht, dass sie gut hätte werden können, wenn denn die Beteiligten sich genügend vorbereitet hätten. Und gerade weil sich die Arbeit am Stück oft über Monate hinzieht, hängt viel von einer guten Planung ab. Anders als bei der Vorbereitung von Kurztheaterstücken gibt es dafür keine empfehlenswerte Zeiteinteilung, da die Dauer der Vorbereitung natürlich von der Häufigkeit und der Intensität der Proben abhängt. In der Regel hält man sich aber an folgenden Ablauf:

a) Stückauswahl

Der Erfolg einer Aufführung steht und fällt meist mit der Auswahl eines Manuskriptes, das mit den vorhandenen Möglichkeiten auch überzeugend umgesetzt werden kann. Steht also ein Auftrittstermin an, müssen alle Beteiligten frühzeitig beginnen, nach geeignetem Material Ausschau zu halten. Im Normalfall gibt es schon durch die Zusammensetzung des Teams klare Vorgaben. Wenn etwa in den vorgesehenen Massenszenen von *Les Misérables* nur vier Leute den Säbel schwingen könnten, weil die Gruppe eben nicht größer ist, würde das genauso wenig überzeugen wie die Darstellung einer Siebzehnjährigen im »Besuch der alten Dame«.

Grundsätzlich muss vorher geklärt werden:

- Können alle Rollen mit passenden Schauspielern besetzt werden?
- Sind die Darsteller den Rollen gewachsen?
- Steckt in den Charakteren eine Herausforderung für die Schauspieler?
- Braucht man dafür besondere Fähigkeiten (Gesang, Tanz, Humor, Improvisationsfähigkeit u. a.)?
- Ist das Thema des Stückes für die Darsteller nachvollziehbar?
- Kann der Regisseur etwas mit diesem Stück anfangen?
- Will dieses Stück überhaupt jemand sehen?
- Entsprechen die Welt, die Sprache und die Geschichte den Erfahrungen des Publikums?
- Ist das Stück völlig unbekannt oder in den letzten vier Monaten achtmal in der Stadt gespielt worden?

- Braucht man dafür besondere Requisiten und Kulissen?
- Kann die Atmosphäre des Stückes im vorgesehenen Saal erzeugt werden?
- Kann das Stück so bearbeitet werden, dass es die Bedingungen erfüllt?

Hat die Gruppe endlich ein Stück gefunden, das den wichtigsten Anforderungen gerecht wird, dann beginnt erst einmal die Arbeit des Kürzens. Die meisten klassischen Schauspiele sind viel zu lang, als dass man sie als Ganzes aufführen könnte. Und schon hier wird deutlich, wie leicht der Schwerpunkt eines Stückes durch gezieltes Ausmerzen von Textpassagen verschoben werden kann und wie groß der Einfluss des Regisseurs ist. Nebenrollen können auf einmal großes Gewicht bekommen, Hauptrollen auf ihre Schlüsselstellen beschränkt und Gedankengänge neu geordnet werden, denn auch das Umstellen, Verschieben oder Umschreiben großer Passagen kommt immer wieder vor. Üblicherweise werden ganze Auftritte bzw. Szenen gestrichen; aus inhaltlichen Gründen muss der Regisseur aber manchmal den inneren Aufbau bewahren, so dass quer durch die Akte einzelne Phrasen herausgenommen werden. Damit dieser Vorgang dem Stück nicht die Seele raubt, muss der oder die Verantwortliche sich sehr intensiv mit dem Manuskript beschäftigt haben.

Der überarbeitete Text wird dann den Schauspielerinnen und Schauspielern gegeben, zusammen mit dem Probenplan, dem alle entnehmen können, wann sie auf der Bühne erwartet werden und bis wann sie welche Szene gelernt haben sollten.

b) Leseproben

Um mit dem Text und den grundsätzlichen Ideen der Inszenierung vertraut zu werden, treffen sich alle Beteiligten als erstes zu Leseproben, in denen der Text laut gelesen wird. Dabei entstehen normalerweise immer angeregte Diskussionen über das Verständnis einzelner Sätze, über die notwendige Interpretation, über die Charaktere, über ihre Beziehungen zueinander und über den Inhalt des Vorgetragenen. Vor allem sollten die jeweiligen Motivationen für bestimmte Handlungen und ihr Einfluss auf die Geschichte herausgearbeitet werden. Zusammen mit dem Regisseur versuchen dabei alle Schauspielerinnen und

Schauspieler, so vertraut mit dem Stück zu werden, dass sie später beim Auswendiglernen nicht nur die Worte, sondern gleichzeitig die Intention des Textes erfassen. Dafür werden auch erste Regieanweisungen erarbeitet und eingetragen. Entscheidend ist vor allem, dass nun die Darstellerinnen und Darsteller die Zusammenhänge kennen und verstehen und nicht später, wenn sie sich verständlicherweise auf ihre eigenen Stellen konzentrieren, falsche Vorstellungen entwickeln.

c) Stellproben

Wie bereits beschrieben, beginnt nun die Feinarbeit: Die Positionen der Kulissen werden festgelegt und die Bewegungsabläufe mit den Schauspielern gestellt und einstudiert. Wer steht wann wo? Wer kommt wie auf die Bühne? Wie werden welche Sätze szenisch umgesetzt, vertieft und eingebunden? Welche Requisiten kommen wann und wie zum Einsatz? Und vor allem warum? Jede und jeder notiert sich das Besprochene und lernt es genauso wie den Text auswendig. Normalerweise werden die Stellproben so sorgfältig durchgeführt, dass die Darsteller nicht mehr improvisieren müssen. Sie wissen nun genau, was sie an jeder Stelle des Stückes zu tun und zu lassen haben. Das mag ein wenig starr klingen, es gibt aber auch ein Gefühl von Sicherheit.

Natürlich müssen nicht alle Mitglieder des Teams anwesend sein, wenn der Held die Bewegungen und Gänge für seinen großen Anfangsmonolog stellt; dafür gibt es ja den Probenplan. Es sollten zwar immer alle eingeladen sein, verbindlich sind aber nur die Zeiten, in denen auch die jeweiligen Szenen der Schauspieler geprobt werden.

Grundsätzlich gilt bei der Arbeit auf der Bühne übrigens die Perspektive des Zuschauers. Das bedeutet, dass die Anweisung des Regisseurs »Geh bitte an dieser Stelle nach rechts« für den Schauspieler bedeutet, dass er aus seiner Sicht nach links gehen muss. Zur weiteren Orientierung wird der Bühnenraum in allen Theatern nach dem gleichen Muster eingeteilt. Der Raum vor dem Vorhang heißt »Rampe«. Sie wird wie der Rest der Bühne in Rechts, Halbrechts, Mitte, Halblinks und Links eingeteilt. Auf der Bühne selbst gibt es die Bereiche Vorne, Mitte und Hinten. So erhält man mit der Rampe eine Einteilung der Bühne in zwanzig Felder, mit deren Hilfe der Regisseur relativ genau sagen kann, welche Positionen die Darsteller einnehmen sollen.

d) Szenenproben

Wenn der Text Satz für Satz gestellt wurde, beginnt das Proben der ganzen Szenen. Jetzt muss es sich erweisen, ob die Einzelideen auch im Zusammenhang tragen, ob sie zueinander passen und aufeinander aufbauen. Von nun an dürfen die Darsteller keinen Blick mehr in ihren Text werfen, bei Hängern wird souffliert. Es kommt dabei vor allem darauf an, dass die einzelnen Bewegungen in Fleisch und Blut übergehen, die Übergänge fließend zu gestalten und die Dynamik der einzelnen Szenen lebendig werden zu lassen.

e) Durchlaufproben oder Kostümproben

Wieder werden die kleineren Einheiten zu einer größeren zusammengefasst. Von nun an wird das Stück immer von vorne bis hinten mit kleinen Unterbrechungen für die Regie durchgespielt, damit die Darsteller ein Gefühl für die großen szenischen Zusammenhänge und die inneren Entwicklungen des Stückes bekommen. Von nun an sollte auch in den Kleidern gespielt werden, die bei den Aufführungen benutzt werden. So manche Darstellerin musste verwundert feststellen, dass es doch etwas mehr Kraft erfordert, um mit einem barocken Abendkleid anstatt mit einer Jeans über einen Zaun zu klettern, falls man der bösen Fee entkommen will. Auch die Requisiten müssen denen der Aufführung entsprechen. Vielleicht dauert das Herunterschlucken der Praline ja doch so lange, dass der Hauptdarsteller sich für neun Sekunden etwas einfallen lassen muss, da er währenddessen nicht sprechen kann. Das Schöne an diesen Proben ist, dass die Kostüme und Requisiten wesentlich dazu beitragen, dass die Schauspielerinnen und Schauspieler sich mit ihrer Rolle identifizieren können. Und auch den Mitspielern fällt es leichter, die Kollegin mit »Majestät« anzusprechen, wenn sie statt des Norwegerpullis ein Festgewand trägt.

f) Technische Proben

Die Welt des Theaters besteht nicht nur aus dem, was die Zuschauer sehen. Die Kulissen müssen umgebaut, die Lautsprecher und die Monitore für die Künstler müssen ausgetestet und die Zeiten für das Fallen des Vorhangs, das Anlaufen der Bandmaschine oder das Entflammen des Bühnenfeuers gestoppt werden. Aus diesem Grund gibt es vor jeder Aufführung eine technische Probe, in der alle Aktivitäten in Echtzeit durchgeführt und geplant werden. Müssen auf der Bühne Markierungen angebracht werden, damit die Aufbauhelfer wissen, wohin das Sofa gehört, und der Held erkennt, an welcher Stelle er genau im Scheinwerferkegel steht? Wer trägt die Amboss-Sammlung? Und wann kann der Darsteller unbemerkt hinter den Kulissen auf die andere Seite laufen, um von dort wieder aufzutreten? Von nun an bleiben das Bühnenbild und alle für die Veranstaltung benötigten Utensilien stehen.

g) Hauptproben

Kurz vor der Aufführung werden zwei bis drei Hauptproben durchgeführt. Sie finden unter Originalbedingungen statt, auch wenn sich kein offizielles Publikum im Saal befindet: Bühnenbild, Maske, Musik, Beleuchtung, Saallicht und alles weitere wird eingesetzt wie bei den späteren Aufführungen. Es ist zwar bisweilen sehr umständlich, extra alle Personen zu schminken, aber nur so werden kleine Fehler im System sichtbar, die später das Ganze zu Fall bringen können. In den Hauptproben wird das Stück von Anfang bis Ende – auch mit der richtigen Pausenlänge – durchgespielt. Nur im Notfall wird unterbrochen, um noch ganz gravierende Mängel zu korrigieren. Bei diesen Proben empfiehlt es sich, Gäste einzuladen, die stellvertretend für das spätere Publikum die Wirkung des Stückes beschreiben und aus einer unbefangenen Position ihren Eindruck wiedergeben.

h) Generalprobe

Die letzte Hauptprobe ist die Generalprobe. Nun ist es zu spät, um noch irgendetwas zu verändern. Die Spielerinnen und Spieler aber sollen noch einmal die Sicherheit bekommen, dass sie nun tatsächlich auf alles vorbereitet sind. Kommt es wirklich dazu, dass alles schief geht, dann bleibt nur der Trost, dass erfahrungsgemäß auf eine misslungene Generalprobe immer eine gelungene Premiere folgt.

i) Premierenfeier

Zu einer ersten Aufführung gehört nicht nur die richtige Motivation durch den Regisseur, sondern auch eine zünftige Premierenfeier. Die sollte man bei aller Vorbereitungshektik nicht vergessen, denn kaum etwas hat eine so eigene und faszinierende Atmosphäre wie das Beisammensein nach einem erfolgreichen Abend; wenn die ganze Anspannung abfällt, die Arbeit vieler Wochen sich in einem tobenden Applaus zusammenballt und das Lampenfieber sich in reinen Genuss verwandelt.

3. Hintergrundorganisation

Theater ist nicht nur Bühne, nicht nur Applaus und Showtime. Im Gegenteil: Bei den meisten Theatern sind mehr Menschen hinter als vor den Kulissen beschäftigt; Menschen, die niemals im Rampenlicht stehen und ohne die doch keine Aufführung möglich wäre. Darum ist es besonders wichtig, bei der Planung von großen Veranstaltungen auch an die vielen Dienste und Aufgaben zu denken, die parallel zu den inhaltlichen Proben organisiert werden müssen. Über die meisten von ihnen könnte man wiederum eigene Bücher schreiben. Darum wird hier nur kurz angedeutet, woran ein Team auch noch denken muss. Entscheidend ist bei allen Aufgaben, dass es nicht zu falschen Abstufungen und hierarchischem Denken innerhalb der Gruppe kommt. Der Tontechniker, der im rechten Moment die wehmütige Balalaikamusik einspielt, trägt zum Gelingen des Abends genauso viel bei wie der Beleuchter, der dafür sorgt, dass dem dramatischen Helden auf den Brettern, die die Welt bedeuten, plötzlich ein Licht aufgeht. Theaterarbeit ist immer Teamarbeit. Und selbst die Garderobiere kann mit ihrem Lächeln dazu beitragen, dass die Zuschauer mit einer positiven Erwartung den Saal betreten. Starallüren gehören deshalb zu den obersten Risikofaktoren, wenn es darum geht, eine Gemeinschaft aufzubauen.

Im Folgenden eine kurze Aufzählung und Darstellung der wichtigsten Hintergrundaufgaben:

a) Rechte

Wer ein Stück spielen möchte, das er nicht selbst geschrieben hat, benötigt dafür eine Aufführungsgenehmigung. Die Verwaltung der Urheberrechte übernimmt in der Regel der Verlag, in dem das Werk erschienen ist. Dort kann man erfahren, unter welchen Bedingungen und

Gebühren die Genehmigung erhältlich ist. Siebzig Jahre nach dem Tod des Autors erlischt das Urheberrecht zum Glück für alle finanzschwachen Gruppen.

b) Ort

Die Wahl eines passenden Auftrittsortes gehört mit zu den schwierigsten Vorarbeiten. Wichtige Fragen dabei sind: Kostet der Raum Geld? Hat der Saal die nötigen technischen Voraussetzungen? Passt die Atmosphäre des Stückes zum Ort? Hat der Raum die richtige Größe? (80 Leute in der Stadthalle mit 4 000 Plätzen entmutigen nicht weniger als der Zwang, jeden Abend 400 Leute nach Hause zu schicken, weil das Kellertheater eben nur 60 Plätze hat.) Gibt es gute Verkehrsanbindungen und Parkplätze? Haben bestimmte Zuschauer möglicherweise Vorbehalte gegen den Raum (Gotische Kirche oder Disco? Nobelschuppen oder schlechte Gegend?)? Kann das Team den Ort auch schon für die Proben nutzen? Existieren Garderoben für die Künstler? Bestehen feuerpolizeiliche Erlasse, dass die Zuschauer mindestens acht Meter von der Bühne entfernt sitzen müssen (reales Beispiel)? Steht der Raum bei einem durchschlagenden Erfolg der Aufführungen auch längerfristig zur Verfügung? Ist es ein Saal, in den auch Pressevertreter kommen? Und nicht zuletzt: Fühlt sich das Team darin wohl? Wenn alle diese Fragen befriedigend geklärt sind, sollte man sich nur noch vergewissern, dass am vorgesehenen Termin nicht zufällig das alljährliche Tischtennisturnier der örtlichen Seniorenriege stattfindet. Ob es sich lohnt, mit dem Saalbetreiber einen Vertrag zu machen, hängt von den örtlichen Gegebenheiten ab.

c) Kulissen

Ein gutes Bühnenbild ist die Visitenkarte der Aufführung. Der erste Eindruck zählt. Noch ehe ein Wort gesprochen wurde, nehmen die Zuschauer wahr, ob vor ihren Augen mit zwei alten, verschmierten Schultischen ein Swimmingpool angedeutet oder ob tatsächlich der Eindruck einer wirklichen Gartenszene erreicht wird. Es ist dabei weniger entscheidend, mit welchen Mitteln und mit welcher Realitätsnähe dieses Gefühl erzeugt wird. Ausschlaggebend ist, wie sehr die Kulisse die Darstellung der Schauspielerinnen und Schauspieler unterstützt. Wer begabte Maler kennt, sollte darauf bedacht sein, einen charakteristischen Hintergrund zu bekommen, denn die Augen im Zuschauerraum sehen immer auch an den Darstellern vorbei und bisweilen wirkt nichts dilettantischer als das Spiel vor einer weißen Wand. Zumindest sollte der Hintergrund so dunkel sein, dass die Scheinwerfer Akzente setzen können.

d) Beleuchtung

Hell und Dunkel, Licht und Schatten, Farbe und Beleuchtungsart entscheiden wesentlich über die Atmosphäre auf der Bühne. Mit der richtigen Ausleuchtung kann die Inszenierung bewusst die Aufmerksamkeit der Zuschauer steuern. Und sie spricht die Menschen noch einmal auf einer ganz anderen Ebene an. Wenn eine sitzende Schauspielerin plötzlich fröstelnd die Arme um die Beine schmiegt, bleibt das unverständlich, wenn aber das abnehmende Licht den Untergang der Sonne und das Kälterwerden andeutet, versteht jeder die Bewegung sofort. Mit einer guten Lichtanlage lässt sich die Bühne auch in viele kleine Felder und Räume einteilen, in denen abwechselnd oder parallel gespielt werden kann und die alle einen anderen Charakter haben; mit Schatten auf den Gesichtern kann die Mimik der Darsteller völlig verwandelt werden, und ein sanfter Rotton bringt plötzlich eine ganz ungeahnte Wärme in den Raum. Professionelles Theater zeichnet sich immer dadurch aus, dass es nicht einfach die gesamte Bühne erhellt, sondern den Zauber des Lichts zur Geltung kommen lässt. Vor allem, weil wir ja auch in der Realität keine Orte haben, die in allen Ecken gleich hell sind.

e) Kostüme und Maske

Wer schon einmal zugeschaut hat, wie sich ein BWL-Student mit Hilfe der passenden Kleidung in Robinson Crusoe oder einen freundlichen Tankwart verwandelt, der kennt die Macht der Kostüme. Sie erleichtern nicht nur dem Publikum das Erkennen der Rollen, sie helfen auch den Darstellern, ihre fiktive Identität wirklich überzustreifen. Darum ist es so ungeheuer wichtig, sich rechtzeitig Gedanken über die passende Ausstattung zu machen. In vielen großen Städten gibt es glücklicherweise Kostümverleihe, bisweilen stellen auch die Bühnen vor Ort aus ihrem Fundus Material zur Verfügung. Manchmal bekommen Design-Studentinnen und -Studenten oder tapfere Schneiderlein Lust, bei einem Theaterprojekt mitzuwirken und ihre Fantasie mit der Nadel umzusetzen. Ob man mit der Kostümierung Akzente setzen will und die Seeräuber mit Uniformen ausstattet oder ob man eine bestimmte Gruppe authentisch darstellen will, ist dabei letztlich eine Frage der Regie; wichtig ist nur, dass die Kostüme zusammenpassen, dass sie dem Publikum den Eintritt in die Welt des Theaters erleichtern und dass sie die Botschaft des Stückes transportieren.

Da Menschen im Scheinwerferlicht immer sehr blass aussehen, gehört zumindest eine dunkle Grundierung zum Minimum an Schminke. Meist werden dazu auch bestimmte Partien der Augen und der Mund etwas hervorgehoben, damit sie besser wirken. Darüber hinaus kann eine gute Maske die Darsteller um Jahrzehnte altern oder jünger werden lassen, sie kann aus Scherzbolden griesgrämige Trauerklöße und aus Hippies Geschäftsleute machen. Selbst die Größe von Augen, Nase und Mund oder die Haarfarbe können verändert werden, so dass ein Mensch sich selbst nicht mehr erkennt. Um die Möglichkeiten der Maske auszutesten, hilft meist nur viel Übung. Also los!

f) Geräusche

U-Bahn-Rauschen, die ferne Musik eines Volksfestes, eine Türklingel, ein Wasserfall oder das laute Reden anderer Menschen kann – im Hintergrund eingespielt – den Zuschauer am leichtesten vergessen lassen, dass er nicht wirklich im Wald oder auf der Kirmes steht. Unsere Ohren fallen leichter auf Täuschungen herein als unsere Augen und ein kleiner Akzent durch ein Geräusch hilft der Aufführung immer. Häufig vergessen Theatergruppen bei der Einstudierung der Stücke, sich auch die zu den jeweiligen Szenen passenden Klänge zu überlegen. In der Realität gibt es aber nur ganz wenige Lebensbereiche, in denen nicht irgendein Geräusch vorhanden ist, und sei es nur das Ticken eines Weckers. In fast allen gut ausgestatteten CD-Läden kann man heute fertige Geräusche und Atmosphären kaufen: vom Spielplatz über die Sommerwiese bis zum Tropfen eines Wasserhahns oder dem Niedergeschlagenwerden eines Mannes (wahlweise mit Gummiknüppel, Holzknüppel oder Metallstange. Reales Beispiel!). Natürlich wird man manche Geräusche auch selbst in der Natur suchen oder erzeugen müssen. In der Regel macht das aber mehr Spaß als Arbeit.

g) Souffliere

Auch der erfahrenste Schauspieler hat ab und zu einen Blackout. Darum ist kaum etwas beruhigender als eine Souffleuse oder ein Souffleur, auf die man sich verlassen kann. Die Auserwählten sollten schon bei den Szenenproben mit dabei sein, damit die Arbeit schneller vorangeht und sie die einzelnen Schwachstellen der Künstler kennen. Erstaunlicherweise sind es nämlich immer die gleichen Sätze, die auf einmal aus dem Gedächtnis radiert sind. Hat die Bühne keinen Souffleurkasten, dann sollte der Soufflierende in der ersten Reihe sitzen.

h) Werbung

Besonders traurig ist es, wenn fantastische Aufführungen stattfinden, zu denen kein Mensch kommt. Ein gutes Werbekonzept gehört deshalb zu jeder Inszenierung. Plakate, Handzettel und Programme sollten gedruckt, Zeitungen, Szeneblättchen, Lokalsender, Verteiler und Freunde benachrichtigt werden; ausschließlich Aufgaben, die im Normalfall mehrere Wochen vor Aufführungstermin bereits abgeschlossen sein müssen, weil sowohl Druckereien als auch Redaktionen lange Vorlaufzeiten haben. Außerdem nützt es nichts mehr, wenn ich drei Tage vor der Premiere fünf Plakate beim Metzger aufhänge, dessen Sohn mitspielt, und mich dann wundere, dass der Vorverkauf so schlecht läuft.

Die Werbung sollte einen guten Blickfänger mit Wiedererkennungswert im Mittelpunkt haben und Ort und Zeit müssen so groß gedruckt sein, dass man sie von weitem lesen kann. Interessiert sich jemand für das Plakat, dann geht er auch näher heran, um das Kleingedruckte zu lesen. Geschäfte, Baustellen, Bürgerhäuser, Bibliotheken, Kirchen und andere öffentliche Institutionen sind der beste Ort, um kostenlos werben zu können. Am effektivsten funktioniert aber immer noch die Mundpropaganda. Wenn die ganze Stadt über das zu erwartende Vergnügen spricht, dann kommt sie auch.

Beim Verteilen von Werbematerialen sollte das Team darauf achten, wirklich Orte auszuwählen, an denen sich das Zielpublikum bewegt. Ein vollgehängtes Jugendhaus ist in den meisten Fällen ein Zeichen für vergeudete Arbeitszeit, wenn es sich bei der Aufführung um einen fröhlichen Abend mit Hegel-Texten handelt. Auch die Zeit sollte auf das potenzielle Publikum zugeschnitten sein. Ein Kindertheater ist abends um neun genauso leer wie ein Jugendtheater in einem Ort, in dem der letzte Bus um Viertel nach zehn fährt. Vor allem aber sollte man sich nach Konkurrenzveranstaltungen erkundigen. Wenn es am Abend der Premiere im Nachbarort eine Riesenkirmes mit Freibier gibt, drei Hallen weiter einen Abend der Shakespeare-Gesellschaft, im Fernsehen das Endspiel der Europameisterschaft und in der Kirche ein Orgelkonzert des ersten Preisträgers von »Jugend musiziert«, dann sollte man vielleicht nach einem Ausweichtermin suchen.

i) Finanzierung

Theaterspielen kostet Geld, machen wir uns da nichts vor: Raum, Kulisse, Kostüme, Programmhefte, Plakate, Aufführungsrechte, GEMA, Saalmiete, Eintrittskarten und vieles andere bekommt man eben nicht immer geschenkt. Darum: Wer trägt die Kosten? Die Werbematerialien kann man meist über örtliche Firmen decken, die einen bestimmten Betrag zahlen und dann ihren Namen mit auf das Plakat drucken dürfen. Manchmal stellen Handwerksbetriebe Materialien für die Requisiten zur Verfügung und wer Glück hat, der findet sogar einen richtigen Sponsor, der bereit ist, kulturelle Arbeit zu fördern. Auch ins Programmheft kann man Anzeigen aufnehmen und so den Druck finanzieren. Die übrigen Unkosten muss aber der Eintritt decken. Mit einer Aufstellung aller Aufwendungen lässt sich schnell der Preis der Eintrittskarten bei einer bestimmten Mindestbesucherzahl errechnen. Zu billig sollte der Eintritt ohnehin nicht sein, da niemand glaubt, dass eine Veranstaltung, die nur drei Mark kostet, gut sein kann.

j) Bühne

Damit sich die Darsteller nicht im Dunkeln hinter der Bühne gegenseitig umrennen, die Umbauten funktionieren und keiner vor Aufregung seinen Auftritt vergisst, muss das Team rechtzeitig einen Bühnenmeister auswählen, der sich um alle hinter den Kulissen stattfindenden Aktivitäten kümmert. Das nimmt viel Anspannung aus dem Team, bündelt die Fragen und Beschwerden auf eine Person und hilft bei der Organisation.

k) Sonstiges

Zu einem gelungenen Theaterabend gehören noch viele Kleinigkeiten, die geklärt werden müssen: Wer macht Garderobendienst? Wer sorgt dafür, dass die bei bestimmten Raumgrößen gesetzlich vorgeschriebenen Sanitäter benachrichtigt werden? Wer kümmert sich um das Saallicht? Wer verkauft die Programme? Wer serviert in der Pause Sekt und Orangensaft? Was passiert, wenn der Hauptdarsteller oder ein Nebendarsteller krank werden? Wer putzt im Anschluss das Foyer? Wer kassiert am Eingang? Werden für die Veranstaltung Platzanweiser benötigt? Wer schminkt? Gibt es getrennte Garderoben für Frauen und Männer? Wer sammelt die Kritiken der Zeitungen? Wen das Theaterfieber packt, der wird von immer neuen Fragen überwältigt, aber gerade das macht ja das Abenteuer aus: dass man beim Bauen einer Welt der Fantasie nie alles vorhersehen kann.

l) Applausordnung

Es ist geschafft! Das I-Tüpfelchen aber präsentiert erst die Applausordnung, das heißt die Festlegung, welcher Darsteller wann und auf welche Weise die Huldigungen des Publikums entgegennehmen darf. In professionellen Theatern werden die Auftritte vor dem klatschenden Publikum genauso gestellt wie das Stück. Die Reihenfolge der Verbeugungen wird für alle Schauspielerinnen und Schauspieler deutlich sichtbar hinter der Bühne angebracht, so dass jeder weiß, wann er in die Mitte geht und sich präsentiert. Ob einzeln, gruppen- oder pärchenweise, springend oder würdevoll, lachend oder ernst: der Abschied vom Publikum soll Stil haben. War das Publikum aufmerksam, wohlwollend und konzentriert, dann kann vor dem letzten Vorhang auch das Ensemble applaudieren. Bei der Premiere wird für gewöhnlich auch der Regisseur nach vorne gebeten, Musiker, die hinter den Kulissen gespielt haben, kommen bei jeder Aufführung am Ende mit nach vorne.

So, nun kann es losgehen. Organisation ist notwendig, leider! Aber sie wird immer dafür sorgen, dass das Theaterspielen nicht zum Frust wird, sondern tatsächlich zu einem Ausflug in herausfordernde, begeisternde und mitreißende Fantasiereiche, in denen wir vielen seltsamen Wesen begegnen – vor allem uns selbst.

Übungen

»Fühlen Sie sich auf der Bühne noch mehr zu Hause
als in Ihren eigenen vier Wänden.
Man muss sich auf der Bühne wohler fühlen
als in der Wirklichkeit.«
Konstantin Stanislawski

Theaterarbeit bedeutet, mit anderen den Zauber der Schauspielerei zu erforschen, mit allen Sinnen die verschiedenen Methoden und Bereiche kennen zu lernen und auszuprobieren, ein Bewusstsein für die vielfältigen Ausdrucksmöglichkeiten des Körpers zu entwickeln und mit offenen Augen durch die Welt zu gehen. Natürlich sind Übungen dabei immer nur Hilfsmittel; Spontaneität, Fantasie und Kreativität müssen auch ein wenig angeboren sein. Doch je intensiver eine Schauspielerin oder ein Schauspieler mit Spielen und Training die wichtigsten Fertigkeiten üben, desto leichter fällt es ihnen, eigene Ideen zu entwickeln, ihre Wirkung einzuschätzen und sie auch gleich umzusetzen.

Das Schönste am Schauspielunterricht aber ist, dass man immer wieder überraschende Dinge über sich, die Mitspieler und das Leben lernt – und dass das Ganze einfach viel Spaß macht. Mit einigen der Übungen kann man leicht auch einen bunten Abend gestalten oder einer beliebigen Gruppe fröhliche Stunden bereiten. Diejenigen aber, die sich ernsthaft für das Theaterspielen interessieren, sollten sich abwechslungsreiche Übungsreihen zusammenstellen, in denen die wichtigsten Bausteine für einen guten Darsteller vorkommen. Die hier gesammelten Übungen sind in folgende Kategorien eingeteilt:

a) Aufwärmübungen,
b) Kennenlernübungen,
c) Selbsterfahrungsübungen,

d) Wahrnehmungsübungen,
e) Kommunikationsübungen,
f) Improvisationsübungen.

Bei jedem Treffen empfiehlt es sich, aus allen Bereichen einige Übungen auszuwählen, damit die Ausbildung wirklich umfassend ist. Sobald dann die Beteiligten etwas Sicherheit im Umgang mit ihrem Körper, den Mitspielern und den Rollen haben, sollte das Gelernte in kleinen Stücken umgesetzt werden. Je früher die bisweilen doch etwas schematischen Übungen konkret angewendet werden, desto besser helfen sie bei der Entwicklung eines eigenen Stils. Dazu gehört auch von Anfang an der Mut, für ein fiktives Publikum zu spielen und die Perspektive der Zuschauer im Hinterkopf zu haben.

Die einzelnen Spiele werden jeweils kurz erklärt, was nicht heißt, dass man nicht auch bei der Entwicklung neuer Varianten seine Fantasie schon einmal erproben kann. Entscheidend ist immer, dass die Gruppe gemeinsam wächst, denn erst in der Rückmeldung (siehe »Die 10 Gebote des Schauspielens«) entfalten die Übungen ihre eigentliche Kraft. Das, was die anderen sehen, wird zum Maßstab meiner Fortschritte. Und jetzt wünsche ich Ihnen viel Vergnügen!

a) Aufwärmübungen

Theater ist Schwerstarbeit, weil die Schauspielerinnen und Schauspieler mit voller Konzentration und allen Sinnen bei der Sache sein müssen. Darum ist es wichtig, den Körper vorher zu lockern. Dazu kann man eigentlich jede beliebige Aufwärmübung nehmen. Hier sind noch einige, die erfahrungsgemäß viel Spaß machen.

Schüttelfrost

Alle Teilnehmer laufen und springen durcheinander. Irgendwann ruft einer: »Schüttelfrost«, woraufhin alle ihre letzte Bewegung immer wiederholen.

Affentheater

Ein Mitspieler wird zum Oberaffen erklärt. Er macht jeweils eine verrückte Bewegung vor, auf die alle anderen reagieren müssen. Dabei gibt es verschiedene Variationen:

a) Sie sollen den Vorturner genau nachäffen.
b) Sie sollen den Vorturner karikieren.
c) Sie sollen eine entgegengesetzte Bewegung erfinden.

Der Basketballspieler

Lockerheit entsteht vor allem bei unregelmäßigen Bewegungen.

a) Jeder spielt imaginär mit einem Basketball, trippelt, wirft und jongliert.
b) Das Team imitiert zwei Mannschaften, so dass jeder auf alle Mitspielerinnen und Mitspieler achten muss.

Der Apfelpflücker

Dehnen kann man sich am besten beim Strecken.

a) Jeder versucht, möglichst die höchsten Äpfel zu erreichen.
b) Jeder versucht, dem anderen die dicksten Äpfel wegzuschnappen.
c) Jeder versucht, beim Pflücken auf einer imaginären Leiter zu balancieren (Zehenspitzen), ohne umzufallen.

b) Kennenlernübungen

Theaterspielen bedeutet auch immer, Menschen nahe zu kommen, sie zu berühren und sich vor ihnen zu öffnen. Darum ist es wichtig, dass die an den Proben Beteiligten einander wirklich kennen und vertrauen können.

Je mehr Wahrnehmungsebenen die Kennenlernspiele haben, desto besser helfen sie, die Teambildung in Ihrer Theatergruppe zu fördern.

Der große Knoten

Alle Teammitglieder kommen in der Mitte zusammen und strecken die Arme nach oben. Jeder greift blindlings mit der Rechten und der Linken nach jeweils einer anderen Hand. Dann versuchen alle, diesen Knoten aufzulösen, ohne loszulassen, indem sie über die Arme und Beine der anderen steigen.

Achtung: Es geht immer auf, manchmal sind es aber mehrere Ringe, die am Schluss dastehen.

Das gespielte Interview

Jeweils drei Eigenschaften, Hobbys, Themen oder Besonderheiten eines Mitspielers müssen von einem anderen pantomimisch dargestellt und von den übrigen Teilnehmern erraten werden:

a) nachdem sich jeweils zwei interviewt haben.
b) nachdem jeder seine drei Kennzeichen auf einen Zettel geschrieben hat und diese neu verteilt wurden.

Der Lügner

Jeder Teilnehmer muss drei kleine Begebenheiten, Anekdoten oder charakteristische Erfahrungen aus seinem Leben erzählen, von denen eine jedoch erlogen ist. Die anderen müssen herausfinden, welche.

Eng

Alle Teilnehmer laufen frei umher. Auf Kommando werden sich spielerisch alle bewusst, dass der Raum langsam immer kleiner wird, weil sich die Wände und die Decke zusammenschieben, und zeigen entsprechende Reaktionen.

Der Zoo

Alle versuchen, ein Tier zu finden, das ihrer Meinung nach ihrem Charakter am ähnlichsten ist, und spielen es den anderen vor.

a) Die Mitspieler müssen dieses Tier herausfinden.
b) Sie müssen es nachahmen, so dass eine ganze Horde entsteht.
c) Sie müssen es variieren (zum Beispiel: Männchen, Weibchen, Junge, Gattungen usw.).

Der Roboterkampf

Das Team wird in Dreiergruppen eingeteilt. Einer ist jeweils der Maschinist, zwei sind Roboter, die beim Drücken auf die entsprechende Schulter nach links oder rechts gehen. Alle Roboterpaare werden mit dem Rücken zusammengestellt und laufen auf Kommando los. Der Maschinist aber muss dafür sorgen, dass die vorgestreckten Hände seiner Roboter gegeneinander klatschen, indem er sie richtig steuert. Fremde Roboter, die zusammenstoßen, scheiden aus.

c) Selbsterfahrungsübungen

Das wichtigste bei der Schauspielerei ist das Bewusstsein für die eigenen Ausdrucksmöglichkeiten. Das bekommt man aber nur, wenn man sich selbst genau beobachtet und weiß, was bei bestimmten Gefühlen und Bewegungen in Körper und Geist passiert. Die folgenden Übungen sollen deshalb alle so gespielt werden, dass die Darsteller viel Zeit haben, sich in die Abläufe hineinzufühlen. Was ändert sich, wenn ich z. B. nicht einen Kollegen, sondern einen Menschen grüße, mit dem ich mir eine Liebesbeziehung vorstellen könnte? Nur wer aufmerksam wahrnimmt, welche einzelnen Muskeln, Emotionen und äußeren Eindrücke an einer Bewegung beteiligt sind, kann sie auch reproduzieren.

Sinn aller Übungen ist es, mit dem Team die Darstellung zu betrachten und auf ihre Überzeugungskraft, ihre Stimmigkeit, ihre Wirkung und ihre Motivation hin zu beobachten und mit der jeweiligen Schauspielerin oder dem Schauspieler auszuwerten.

Gang(ster)

Alle Teilnehmer laufen durcheinander durch den Raum.

a) Jeder versucht, das Zentrum der Bewegung, den Schwerpunkt des Körpers und der Wahrnehmung in einen bestimmten Körperteil zu legen. Das verändert jedesmal das Gehgefühl.
(Zum Beispiel: Schulter, Hacke, Ellbogen, Kniekehle usw.)

b) Jeder versucht, mit seinem Gang Gefühle auszudrücken und zu empfinden.

(Zum Beispiel: Vertrauen, Scheu, Ärger, Depression, Überraschung, Freude, Irritation, Verletztheit, Versunkenheit usw.)

c) Jeder versucht, beim Gehen unterschiedliche Bodenbeschaffenheiten auszudrücken und zu empfinden.

(Zum Beispiel: Asphalt, Feldweg, Sumpf, Wiese, Feld, Nadelwald, Eis, Sandstrand, Wasser, Kieselsteine, Brenn-Nesseln usw.)

d) Jeder versucht, beim Gehen verschiedene Behinderungen zu spielen, die die Bewegungen beeinflussen.

(Zum Beispiel: zwei Wassereimer tragen, Gipsbein haben, betrunken sein, Teppich schleppen, den Kopf voller Helium haben, Schuhgröße 64 tragen, von einem Gorilla gejagt werden usw.)

e) Jeder versucht, die Gangarten unterschiedlicher Charaktere nachzuahmen und sich in sie hineinzudenken.

(Zum Beispiel: Politiker, Kind, Polizist, Zeitungsjunge, Professor usw.)

f) Jeder versucht, sich die Abhängigkeit des Gehens von der Umgebung zu verdeutlichen.

(Zum Beispiel: Museum, Rathaus, Schule, Bahnhof, Irrgarten, Gefängnis usw.)

g) Jeder versucht, verschiedene tierische Gehtypen auszuprobieren.

(Zum Beispiel: Affe, Känguru, Bär, Tiger, Fruchtfliege usw.)

h) Jeder versucht, beim Gehen mit den anderen ein Gruppengefühl zu entwickeln.

(Zum Beispiel: Demonstration, Skinheadgruppe, Soldaten, Sportler usw.)

Gruß-Worte

Alle laufen durcheinander durch den Raum und begrüßen einander:

a) normal;
b) auf unterschiedliche Art und Weise (zum Beispiel: per Handschlag, per Kopfnicken, per Berührung an den Füßen usw.);
c) so, als sei der andere ein bestimmter Charakter (zum Beispiel: Kollege, ein Rivale, ein Lehrer, ein Stammtischfreund, eine große ehemalige Liebe usw.);
d) mit verschiedenen Emotionen (zum Beispiel: freundlich, unglücklich, wütend, hoffnungsfroh usw.).

Grimassenkette

Alle stellen sich im Kreis auf.

a) Einer gibt eine Grimasse vor, reihum versuchen alle, sie nachzumachen.
b) Einer gibt eine Grimasse vor, der nächste übernimmt sie und verändert sie leicht.

Entenliebe

Alle Mitglieder der Theatergruppe setzen sich in einem Kreis zusammen.

a) Jeder versucht, »Alle meine Entchen« in unterschiedlichen Stimmungen aufzusagen. Dabei wird deutlich, wie wenig das, was wir sagen, mit den Worten zu tun hat. Die Emotionen, die herausklingen, sprechen für sich.

b) Die Gruppe muss versuchen, die Stimmung des Teammitglieds zu erraten.

   (Zum Beispiel: ärgerlich, stolz, ängstlich, scheu, verliebt, als Witz, irritiert, verletzt, marktschreierisch, fragend, gütig, ahnungsvoll, belehrend, informierend, beruhigend usw.)

c) Jeder versucht, »Alle meine Entchen« als Tier zu sprechen. Dabei sollen die normalen Worte mit charakteristischen Klangfärbungen der Gattungen unterlegt werden.

   (Zum Beispiel: Affe, Bär, Schlange, Katze, Fisch usw.)

d) Jeder versucht »Alle meine Entchen« mit unterschiedlichen Charakteren zu sprechen.

   (Zum Beispiel: Lehrer, Schüler, Fußballspieler, Busfahrer, Verkäufer, General, Kindergärtnerin, Wirt usw.)

Auftrag

Vor der Gruppe muss ein Mitspieler einen imaginären Gegenstand in der gegenüberliegenden Ecke vom Boden aufheben und in die Mitte bringen:

a) nach Vorgabe;

b) nach eigener Wahl, so dass die anderen erraten können, worum es sich handelt.

   (Zum Beispiel: einen Eimer Wasser, einen Eisblock, ein verletztes Tier, ein blutiges Messer, eine lebende Schlange, einen Betrunkenen usw.)

Fokus

Jeder geht durch den Raum, denkt sich eine Motivation für eine Bewegung aus und setzt sie dann um. Wichtig ist, dass wirklich jeder Bewegung ein Motiv zu Grunde liegt.

Teil-Weise

Jeder versucht, Emotionen nur mit einzelnen Körperteilen auszudrücken, etwa mit den Schultern, den Beinen oder den Augen.

(Zum Beispiel: Angst, Überraschung, Schrecken, Stärke, Enttäuschung usw.)

Metamorphose

Alle Mitglieder stellen sich in einen Kreis und werfen sich einen Ball zu.

a) Jeder, der den Ball fängt, muss sich überlegen, was der Ball in seiner Hand noch sein könnte, und es den anderen vorspielen.

   (Zum Beispiel: ein Hund, etwas Bissiges, etwas zum Essen, ein Kind, eine Posaune, eine Kugel zum Wahrsagen usw.)

b) Jetzt wird der Ball zu einer Person, der man einen Satz zuwerfen muss, der ihre Identität verrät.

c) Der Ball wird von Person zu Person schwerer.

Körper-Sprache

Jeder versucht bewusst, sich in bestimmte Gefühle und Eindrücke hineinzudenken und sie dann zu erleben und vorzuspielen.

(Zum Beispiel: Kopfweh, steifer Nacken, Frieren, juckende Augen, eingeschlafene Füße, Wärme, Druckstelle am Rücken, Übelkeit, verrenkter Zeh, verbrannte Finger usw.)

d) Wahrnehmungsübungen

Wer die Welt mit all ihren Nuancen beobachtet, der *sieht* nicht nur mehr, der *weiß* auch, wie er das Gesehene am besten nachmachen kann. Aus diesem Grund geht es bei den folgenden Übungen sowohl darum, genau hinzusehen, als auch darum, auf das Gesehene zu reagieren und es in sein eigenes Spiel einzubauen.

Auch hier gilt: Jede Übung soll von den Mitgliedern der Gruppe besprochen werden.

Aus-Blick

Ein Spieler geht an ein imaginäres Fenster und beobachtet die Welt. An der Art, wie er dort steht, wie er sich wieder umdreht und vom Fenster weggeht, an seiner Gestik und Mimik, soll die Gruppe erkennen können, was er gesehen hat.

(Zum Beispiel: Autounfall, Wiese zum Picknicken, Ankunft des Freundes, Regenwetter usw.)

Schwarzmarkt

Ein Spieler geht hinaus. Der Leiter gibt einem anderen ein kleines Schmuggelgut (Bällchen, Streichholzschachtel o. Ä.). Wenn der Hinausgeschickte wieder hereinkommt, beginnt die Gruppe, den Gegenstand verdeckt weiterzugeben. Die, die ihn gerade nicht haben, tun so, als hätten sie ihn. Der Spieler aber muss ihn entdecken.

Bildhauer

Zwei Spieler dienen als bewegliche, willenlose Figuren.

a) Ein Bildhauer formt aus ihnen ein Kunstwerk. Die anderen müssen erraten, worum es sich handelt.
b) Ein dritter Spieler löst eine der Figuren auf und versucht, sich dafür in genau der gleichen Pose aufzubauen.

Mutation

Die Gruppe erstarrt in einer bestimmten Konstellation. Ein ausgewählter Spieler schaut sie sich genau an. Wenn er den Raum verlässt, werden einige Dinge verändert, die er beim Zurückkommen erkennen muss.

(Zum Beispiel: Kleidung, Körperhaltungen, Mimik, Brille weg, Papierkorb verschoben. Wichtig: nur drei Veränderungen.)

Fortschritt

Einige Personen werden hinausgeschickt.

a) Spieler A denkt sich eine bestimmte Sitzhaltung aus. Nacheinander kommen die Wartenden wieder herein, dabei übernimmt jeder vom vorhergehenden die gezeigte Haltung. Am Ende demonstriert A noch einmal das Original. Veränderungen besprechen.
b) Wie a), nur mit einer kuriosen Kurzszene, die der letzte Nachahmer dann interpretieren muss.
(Zum Beispiel: Elefanten waschen, Reis pflücken, Knieschoner aufnähen usw.)

Momentaufnahme

Alle Mitglieder schließen die Augen. Auf Kommando dürfen sie sie kurz öffnen, um sich die Positur von A, einer ausgewählten Person, anzusehen, dann müssen sie die Augen wieder schließen und das Gesehene blind imitieren.

Brief-Wahl

Ein Spieler öffnet einen imaginären Brief. Aus seiner Darstellung müssen sich alle zum Verständnis notwendigen Hintergründe ergeben. Die Gruppe muss kommentieren.

(Zum Beispiel: Charakter der Person, Gemütslage, Kleidung, Ort, Uhrzeit, Umstände, Absender, Beziehung zum Absender, Reaktion usw.)

Weihnachten

Ein Spieler packt ein Geschenk aus. Die Gruppe muss raten, was es ist.

Obst-Esser

Ein Spieler isst Obst. Die Gruppe muss an Hand der Bewegungen erraten, welche Sorte er vor sich hat.

(Zum Beispiel: Kirschen, Bananen, Erdbeeren, Äpfel usw.)

Gute Reise

Alle legen sich entspannt auf den Boden und schließen die Augen. Ein oder mehrere Mitspieler unternehmen nun mit der Gruppe einen Ausflug in die Fantasie, den alle möglichst bewusst wahrnehmen sollen.

(Zum Beispiel: »Du bist auf einer Wolke, es kommt ein Sturm, du knallst gegen eine Wand und fällst in das Meer, du schwimmst unter Wasser, du reitest auf einem Delfin, der plötzlich zum Hai wird, du robbst auf den Strand, liegst in der Sonne, ein Tier beißt dich, dein Körper wird gelähmt, dann hebst du ab und kannst von alleine fliegen, du verlierst Höhe und landest in deinem Bett usw.«)

Seitenwechsel

Ein Spieler besucht einen Zoo, ahmt lachend die Tiere nach und entdeckt plötzlich, dass er selbst hinter Gittern ist und von allen angestarrt wird. Die Erkenntnis gut ausspielen!

Detail

Ein Spieler zeigt den anderen Mitgliedern der Gruppe pantomimisch eine typische Alltagsbeschäftigung, die er aber wirklich mit allen Sinnen empfinden soll (zum Beispiel: ein Buch lesen, einen Brief schreiben, Fernsehen, ein Fotoalbum anschauen usw.). Nun fügen die anderen spontan Detailinformationen hinzu, die der Darsteller aufgreifen muss. (zum Beispiel: An wen geht der Brief? Was gibt es im Fernsehen? Wer ist im Fotoalbum zu sehen? Woran erinnert er sich?)

Kurzauftritt

Jeder lernt ein Kurzgedicht auswendig und versucht, die Präsentation von vorne bis hinten auszufeilen: Auftritt, Stand suchen, Körperhaltung, Sprache, Mimik, Gestik, Ausdruck, Publikumskontakt, Abgang u. a. Die Mitglieder der Gruppe besprechen, was sie gesehen haben. Gut eignen sich dafür japanische Haikus (kurze, 17-silbige Gedichte):

a) Wenn du singen könntest, Schmetterling,
hätten sie dich längst in einen Käfig getan.

b) Der Traum meines Lebens verdämmert.
Aber die wilden Lilien blühen und leuchten wie immer.

c) Der Kirschbaum, den im Herbst der Blitz zerriss –
jetzt ist er über und über von Blüten verschleiert.

d) Oh schimmernder Mond! Ich ging auf dich zu
und ging und ging und kam dir doch nicht näher.

e) Hörst du mich, träumender Schmetterling?
Erwache doch und sei mein Bruder!

f) Wundervolle Sommernacht!
Der Mond fliegt von einer Wolke zur anderen.

g) Bleib sitzen, kleiner Frosch!
Hab keine Angst. Ich bin es doch, dein Freund.

h) Ein Windhauch zieht durch den Abend.
Die weißen Rosen beginnen leise zu beben.

e) Kommunikationsübungen

Wer auf der Bühne steht, muss sich auf den anderen verlassen können, er muss ihm vertrauen und sein Spiel richtig einschätzen können. Darum ist es so wichtig, regelmäßig das Miteinander und das Achten auf den anderen zu trainieren. Kaum eine Bewegung ist nicht von der Beziehung zu anderen Rollen eines Stückes geprägt, und ein gesundes Bewusstsein für das Zusammenspiel hilft allen Beteiligten.

Feuer

Alle Mitspieler bilden eine Wasserkette und reichen sich imaginär die Eimer weiter.

Achtung: Die zurückkommenden Eimer sind leer, sie fühlen sich ganz anders an.

Seilschaft

Immer fünf Spieler bilden eine Bergsteigergruppe, die durch ein imaginäres Seil verbunden ist.

a) Alle laufen dem Bergführer hinterher.
b) Der Bergführer beginnt, über schwierige Felsen zu klettern.
c) Einer versucht, auszubrechen.

Spiegel

Spieler A und Spieler B stehen sich gegenüber. Einer ist Spiegelbild des anderen.

a) Spieler B macht A nach (lieber langsame Bewegungen, die man wirklich spiegeln kann).
b) Spieler A macht B nach.
c) Es wird nicht gesagt, wer führt. Wortlos müssen sich die beiden verständigen, wer gerade führt und wer spiegelt.

Fingerhakeln

Zwei Spieler berühren sich nur mit den Zeigefingern. Dann führt einer den anderen durch den Raum.

Im Ring

Zwei Spieler tragen einen Boxkampf aus, stehen jedoch zwei Meter voneinander entfernt. Dennoch muss natürlich jede Aktion eine Reaktion hervorrufen.

Vertrauen

Etwa acht Spieler bilden einen Kreis. Eine weitere Person geht in die Mitte, macht sich steif und lässt sich im Vertrauen darauf, dass sie gehalten wird, in eine Richtung fallen.

Achtung: Weich auffangen, nicht zu weit fallen lassen. Durch den Schwung des Aufrichtens fällt die Person in die nächste Richtung. (Wenn der Spieler in der Mitte Ausgleichsschritte macht, dann vertraut er noch nicht.)

Blind

Jeweils zwei Spieler machen zusammen einen Spaziergang. Einer von beiden macht die Augen zu und lässt sich führen.

a) A beobachtet, worauf er B hinweisen muss, und sorgt so dafür, dass B vertrauensvoll laufen kann.
b) A versucht, B zu erzählen, was er sieht. Details sind wichtig.
c) B versucht A zu erzählen, was er mit seinen übrigen Sinnen in der Umgebung zu erkennen glaubt (zum Beispiel durch: Geräusche, Hall, Bodenbeschaffenheit usw.).

Schweben

Ein Spieler legt sich steif auf den Boden. Die übrigen heben ihn sanft an, bis sie ihn auf ihre Schultern legen können und tragen ihn so einen Augenblick durch den Raum. Dann legen sie ihn wieder sanft ab.

Kontakt

Spieler A sitzt mit geschlossenen Augen auf einem Stuhl. B nähert sich langsam aus irgendeiner Richtung. A hebt die Hand, wenn er glaubt, dass B direkt in seiner Nähe ist und bevor B ihn berührt. Wie nah kommt B heran?

Mosaik

In kleinen Gruppen versuchen die Spieler, größere Phänomene darzustellen.

(Zum Beispiel: eine Quelle, ein Kornfeld, einen Baum, eine Brücke, einen Berg, einen Berufsverkehr, eine Wüste, ein Urzeitmonster, einen Fisch, ein Meer usw.)

Blicke

Zwei Spieler sitzen sich in einem Bahnabteil gegenüber und mustern sich kritisch, da sie sehr gegensätzlich sind.

(Zum Beispiel: »Emma«-Leserin und »Playboy«-Leser, Kreuzworträtsel-Löser und Brecht-Leser, Walkman-Hörer und Strickerin, kinderreiche Familie und Geschäftsmann usw.)

Dialog

Alle Mitglieder der Theatergruppe prägen sich einen kurzen Dialog ein und spielen ihn dann mit verschiedenen Charakteren, die natürlich den Inhalt und die Art des Gespräches völlig verändern können.

a) Einfaches Gespräch, das erst durch die Rollen interessant wird.

   (Zum Beispiel: Jesus und Judas, Adam und Eva, David und Goliath, Joseph und ein Bruder, Samson und Delilah, Moses und Pharao, Soldat und Feldherr, Mutter und Kind u. a.)

A: Hallo, was machst du denn hier?

B: Ich habe dir etwas mitgebracht!

A: Das sehe ich

B: Gut!

A: Und jetzt?

B: Ich glaube, ich muss weiter!

A: Oh!

b) Einfaches Gespräch, in dem die Beziehung wichtig ist.

   (Zum Beispiel: Zufallsbegnung; Mann und Frau nach längerer Trennung; Vater und Tochter, die spät nach Hause gekommen ist; eifersüchtige Konkurrenten; A will B umbringen; Liebespaar, das nur wenig Zeit hat; Paar, das Doppelselbstmord begehen will u. a.)

A: Hallo!

B: Hallo!

A: Wie geht's?

B: Gut. Glaube ich jedenfalls!

A: Weißt du, wie spät es ist?

B: Nein, nicht genau.

A: Hast du keine Uhr?

B: Nicht dabei.

A: Na gut!

B: Was heißt hier: »Na gut?«

A: Was hast du denn gestern Nacht gemacht?

B: Nichts!

A: Nichts?

B: Habe ich doch gesagt: nichts!

A: Es tut mir leid, dass ich gefragt habe!

B: Ist schon okay.

c) Einfaches Gespräch, in dem eine emotionale Entwicklung stattfindet.

(Zum Beispiel: Eva und Schlange, Jesus und Judas, Vater und Tochter, Lehrer und Schüler, Pirat und Papagei, Vorgesetzter und Untergebener, Hanni und Nanni, Esmeralda und der Glöckner von *Notre Dame*, Romeo und Julia, Studenten auf dem Weg zum Examen usw.)

A: Hallo

B: Wie geht es dir?

A: Gut! Wollen wir gleich los?

B: Ich hab's mir überlegt: Ich will doch nicht!

A: Was heißt denn das?

B: Ich bin zu müde!

A: Das ist jetzt schon das zweite Mal. Ich versteh das nicht!

B: Was meinst du denn damit?

A: Ich dachte, du wolltest unbedingt gehen!

B: Wollte ich ja auch, ich bin nur jetzt zu müde.

A: Bist du sicher?

B: Was?

A: Na, was wohl?!

Ein Wort

Zwei Spieler versuchen, einen Dialog zu führen, der nur aus einem Wort besteht. Die Betonung macht deutlich, was damit gerade gesagt wird.

Zum Beispiel: »Bier?« (»Willst du eins?«), »Bier?« (»Hast du Bier gesagt?«), »Bier!« (»Richtig, ich meine Bier.«), »Bier?« (»Na, warum nicht?«), »Bier!« (»Wo bleibt es denn nun?«). Versuchen Sie selbst, solche Wortspiele zu finden.

f) Improvisationsübungen

Die Fähigkeit, sich spontan auf eine Situation oder eine andere Vorgabe einzustellen, gibt den Schauspielerinnen und Schauspielern erst die nötige Sicherheit, um das Einstudierte überzeugend aufzuführen. Schnelligkeit, Fantasie, Reaktionsvermögen, Kreativität und Zusammenspiel werden deshalb bewusst in speziellen Improvisationsübungen geschult und trainiert. Je wohler sich ein Darsteller dabei fühlt, desto mehr wird er sich später auch auf der Bühne zurechtfinden.

A bis Z

Alle setzen sich in einen Kreis. Der erste beginnt, eine Geschichte zu erzählen. Jeder Mitspieler darf jeweils einen Satz sagen, der immer mit dem nächsten Buchstaben aus dem Alphabet beginnen muss.

Liebelei

Mehrere Gruppen erhalten die kurze Zusammenfassung einer Liebesgeschichte (zum Beispiel: Frau muss sich zwischen einem Mann und der Liebe zu ihrem Wohnzimmerschrank entscheiden). Nun muss jede Gruppe die Szene in einer anderen Gattung spielen.

(Zum Beispiel: Komödie, Oper, Ballett, Trauerspiel, Musical, Slapstick usw.)

Los

Kleine Gruppen erhalten je drei Informationen und müssen dann daraus spontan eine Geschichte entwickeln. Wahlweise gibt es dazu keine oder eine kurze Vorbereitungszeit.

a) Die Spieler erhalten drei Angaben: wo, wer und was.

   (Zum Beispiel: in einem Fesselballon – zwei Irrenärzte – Licht im Kühlschrank ist kaputt)

b) Die Spieler erhalten drei Requisiten.

   (Zum Beispiel: Flasche – Kaugummi – Luftmatratze)

c) Die Spieler erhalten drei Sätze, die im Stück sinnvoll vorkommen müssen.

   (Zum Beispiel: Der Winter war früher auch schöner. – Meine Oma kennt Napoleons Feldzüge. – Dich schick ich ins Waisenhaus.)

d) Die Spieler erhalten drei Gesten oder Positionen, die sie einbauen müssen.

Wechsel

Zwei Spieler improvisieren eine frei ausgedachte Geschichte. Auf Kommando »gefrieren« sie, woraufhin eine Person ausgewechselt wird. Dann wird so weitergespielt, dass es einen logischen Anschluss gibt.

Wortsalat

Zwei Spieler versuchen, bekannte Sprichwörter vorzuspielen. Die übrigen Mitglieder der Gruppe müssen sie erraten.

(Zum Beispiel: »Morgenstund' hat Gold im Mund«; »Wer zuletzt lacht, lacht am besten«; »Wer andern eine Grube gräbt, fällt selbst hinein« usw.)

Monolog

Ein Spieler versucht, ein Telefongespräch vorzuführen. Dabei muss er natürlich die fiktiven Antworten des Gesprächspartners mitdenken, die Pausen einhalten und das Ganze für die Zuschauer lebendig halten.

Absprung

Ein Spieler soll vom Zehnmeterbrett springen, traut sich aber nicht. Alle beobachten ihn auf seinem Weg an die Spitze.

Eloquenz

Ein Spieler hält einen Vortrag:

a) über ein spontanes Thema.
(Zum Beispiel: der Sternenhimmel, euer Traumauto, die Zukunft als Zirkusartist usw.)
b) vor verschiedenen Leuten.
(Zum Beispiel: der Verlobten, dem Schwiegervater, dem Schornsteinfeger usw.)
c) mit zehn einzubauenden Worten.
(Zum Beispiel: Safari, Klobürste, Scheitel, Susafonkoffer, Amboss-Sammlung usw.)

Rede

Zwei Spieler beginnen ein Gespräch.

a) Beide wollen einander übertrumpfen.
b) Beide wollen gern als der Bescheidenere dastehen.
c) Beide stellen fest, dass sie die gleiche Frau lieben.
d) Beide werden immer kindischer.
e) A beginnt jedesmal, wenn er redet, mit »Genau das wollte ich sagen«, B mit »Nun lass mich doch mal!«.

Drumherum

Zwei Spieler wollen eigentlich über die Liebe reden, sprechen aber über das Wetter.

Tod (nur für Fortgeschrittene)

Zwei Spieler begegnen sich. A möchte B euphorisch über das neu erwachte Liebesglück mit seinem Partner erzählen. B muss A mitteilen, dass dieser Partner gerade tödlich verunglückt ist.

ÜBER DEN AUTOR

Fabian Vogt, Jahrgang 1967, hat Germanistik, Theologie und Theaterwissenschaften studiert und eine Schauspielausbildung genossen. Als darstellender Künstler, Regisseur und Leiter einer Theatergruppe beschäftigt er sich seit langem mit den Geheimnissen vor und hinter der Bühne.

Darüber hinaus hat er als Vikar den modernen Suchergottesdienst *Go Special* mitentwickelt, in dem er auch die Tips dieses Buches erfolgreich in die Praxis umsetzt.

Wenn Sie Fragen oder Anregungen haben oder an

- Theaterseminaren und
- Gastspielen

interessiert sind, wenden Sie sich bitte an:

Fabian Vogt
Fontanestraße 124
60431 Frankfurt.

Willow Creek-kreativ: Gottesdienst einmal anders

Theater vermag die Menschen unmittelbar anzusprechen und zu berühren. Dieser Katalog enthält über 100 Theaterstücke, thematisch und alphabetisch geordnet, die Sie nur direkt beim Verlag bestellen können. Zu jedem Titel finden Sie darüber hinaus eine kurze Inhaltsbeschreibung.
Die spielerische Darstellung alltäglicher Lebenssituationen machen sie zu einer enormen Hilfe für Gemeinden, die kirchendistanzierte Menschen ansprechen und die Bibel für den Alltag transparent machen wollen. Indem die Stücke lebensnahe Themen wie Beziehungsprobleme, Tod, Kinderlosigkeit, Schwierigkeiten mit dem Glauben usw. aufgreifen, zeigen sie, wo der Schuh wirklich drückt.

***Willow Creek*-Theaterkatalog**
ISBN 3-89490-174-8
Schutzgebühr: DM/sfr 5,- / öS 37,- (empf. Preis)

***Willow Creek*-Theaterstücke**
Pro Stück: DM/sfr 25,- / öS 183,- (inkl. Lizenz)
Bei einer Bestellung von 4 Stücken erhalten Sie ein 5. Stück Ihrer Wahl kostenlos dazu!

Weiterhin im Projektion J Verlag erhältlich:
Eva-Maria Admiral: Große Erwartungen
Ein *Willow Creek*-Theaterabend
ISBN 3-89490-175-6 • DM/sfr 39,80 / öS 346,- (empf. Preis)
VHS, ca. 50 Minuten, deutsch

Steve Pederson: Sonntag morgen live 1
ISBN 3-89490-062-8 • DM/sfr 5,- / öS 37,-
Spiralbindung, 72 Seiten

❑ Ja, ich habe Interesse an einem eintägigen Schnupperkurs »So ein Theater«.

❑ Ja, ich habe Interesse an einem zweitägigen Aufbaukurs »So ein Theater«.

Referenten der Seminare sind:

- FABIAN VOGT (Autor des Buches »So ein Theater«, Kabarettist)
- GABRIELE WEINSPACH (Schauspielerin/Musicaldarstellerin)
- RALF HUTTER (Pantomime, Schauspieler)
- MANFRED GEYWITZ (Pantomime)
- JOHANNES WARTH (Schauspieler, Kabarettist).

Bitte senden Sie Seminar-Informationen an meine Anschrift:

....
Name

....
Straße

....
PLZ, Wohnort

....
Datum/Unterschrift

Bitte einsenden an:

Edition Willow Creek-kreativ
Abteilung Seminararbeit
Rheingaustraße 132

65203 Wiesbaden